T0064617

Construyendo relaciones sanas en un mundo caótico

Cynthia M. Ruiz

BALBOA.
PRESS

A DIVISION OF HAY HOUSE

Traducción de Laura Casas

Puede hacer pedidos de libros de Balboa Press en
librerías o poniéndose en contacto con:

Balboa Press
Una División de Hay House
1663 Liberty Drive
Bloomington, IN 47403
www.balboapress.com
1 (877) 407-4847

ISBN: 978-1-5043-3119-7 (tapa blanda)
ISBN: 978-1-5043-3120-3 (libro electrónico)

Información sobre impresión disponible en la última página.

Fecha de revisión de Balboa Press: 5/21/2015

"Nuestras vidas no son más que un sueño, cuyo creador es uno mismo."
—Don Miguel Ruiz

Agradecimientos

Primeramente le doy gracias a Dios. Yo creo que Dios es omnipresente, que es bueno y vive en cada uno de nosotros. Les dedico este libro a dos amigos excepcionales. Ellos ya no se encuentran en este mundo físico pero dejaron huella en mi vida y me enseñaron a valorar mis relaciones. Mi tía Shirley Roberts me bendijo con su lealtad y sabiduría. Aunque no fuimos parientes sanguíneos, elegimos tratarnos como familia y estuvimos ahí el uno para el otro. Las experiencias que compartimos me han dejado unos maravillosos recuerdos y su espíritu de valor vive en mi corazón. La segunda persona es mi querido amigo Tad Emery. Durante nuestra amistad de veinticinco años pasamos horas conversando sobre la vida, las relaciones y Dios. La vida de Tad es un ejemplo de que los milagros realmente existen. Jamás lo olvidaré.

La mayor bendición de mi vida ha sido mi hijo Arturo D. Chávez. El haber experimentado el amor incondicional de madre me ha permitido saber lo que es la felicidad y sentirme completamente realizada.

Como madre, me siento orgullosa del hombre en que él se ha convertido. Arturo es un hombre de carácter. Es inteligente, compasivo y vive su vida con integridad. Es guapo e ilumina el cuarto con su sonrisa del millón. Hijo mío, sigue sonriendo.

También quisiera agradecer a mi amigo Shawn G. quien me sugerió que escribiera este libro porque considera que tengo una muy buena perspectiva sobre las relaciones. Medité sobre su sugerencia; al día siguiente amanecí con el borrador del libro en la mente. Shawn G., eres una persona muy especial y las diferencias que aportamos a nuestra amistad han dado raíz a temas de conversación interesantes y estimulantes. ¡Me da tanto gusto que hayas encontrado esa relación sana en tu vida! Te deseo a ti y a tu familia una vida llena de amor y felicidad.

También quiero darles las gracias a todos mis amigos afectuosos por quienes me siento bendecida. Son demasiados para nombrarlos pero ustedes saben quiénes son. Me siento bendecida por haber encontrado a tanta persona maravillosa con quien compartir este viaje que llamamos vida. A muchos les he conocido por más de veinte años y me han ayudado a aprender lo que se necesita para desarrollar relaciones sustentables y disfrutar de la vida a lo máximo. Quiero que sepan que valoro el tiempo que hemos pasado juntos, nuestras relaciones y nuestra capacidad de apoyarnos mutuamente. Ustedes han añadido un gran valor a mi vida y espero haberles correspondido.

Las personas llegan a tu vida por algún motivo, por una temporada o por toda la vida. Me siento agradecida por todas mis relaciones, no importa cuánto hayan durado. Espero disfrutar muchos años más con las personas con quien tengo relaciones sanas y espero conocer a muchas más personas fascinantes en el camino.

Gracias a todos.

"Puedes empezar a darle forma a tu destino con la actitud que mantengas."
— Michael Bernard Beckwith

Índice

"He aprendido que la gente olvidará
lo que dijiste, la gente olvidará lo
que hiciste, pero la personas jamás
olvidarán como les hiciste sentir."
—Maya Angelou

Capítulo 1

Las relaciones en un mundo caótico

Estamos rodeados de caos en el mundo de hoy. Solo hace falta ver el noticiero para sentirnos bombardeados por cosas incomprensibles. Pensar sobre la guerra, la injusticia social, la crisis económica mundial y el calentamiento global ¡es suficiente para volver loco a cualquiera! Vivimos en tiempos contradictorios:

- Hay abundancia y a la vez hambre.
- Tenemos los medios para mandar personas al espacio pero existen desamparados.
- La tecnología ha conectado al mundo, sin embargo hay muchos quienes se sienten solos.
- Nuestra sociedad está obsesionada con la juventud en una época en que hay una mayor esperanza de vida y el número de personas de tercera edad va en aumento.

En tiempos recientes, hemos visto a personas reaccionar a este caos con un comportamiento terrorífico y hasta llegar a matar. Los asesinatos múltiples se han convertido en algo demasiado común, sobre todo entre la juventud.

Muchas veces las personas se comportan de manera irracional solo para conseguir atención. A menudo, las personas aprenden a una edad temprana que las acciones negativas consiguen atención. Desde punto de vista de algunos, la atención negativa es preferible a no conseguir atención en absoluto.

¡Tenemos más estrés en nuestra vida que nunca! Es difícil encontrar formas constructivas para sobrellevar el estrés de la vida moderna.

- Podemos sentir más estrés en el trabajo y mientras nos enfrentamos al tránsito del trayecto al trabajo.
- La presión de ser el padre, esposo o amigo ideal nos produce ansiedad.
- Competimos para ingresar a los mejores colegios, obtener el mejor empleo, ser el que gana el mayor sueldo y comprar la casa más grande.
- Nos esmeramos por tener un aspecto físico perfecto, por ser bellas o guapos, por vernos jóvenes y por ser delgados.

Este estrés y caos hace que sea aún más importante mantener relaciones sanas que nos apoyen y nos colmen de amor incondicional.

Las relaciones sanas pueden ser tu refugio, lo que te permite la serenidad y seguridad. El amor incondicional puede restaurar tu balance lo cual nutre tu paz interna. Sé que todos nos hemos sentido fuera de balance en algún momento u otro. Cuando nos sentimos así somos menos productivos y nos sentimos tristes, insatisfechos e inseguros.

Sabemos que estar en tan sólo una mala relación nos afecta porque consume todo nuestro tiempo y energía. Hay personas que se desviven por el drama y una relación con ellas puede sacarnos de balance si el drama es persistente. La clave a una vida gratificante es encontrar el balance y la armonía en todo aspecto de tu vida. Un buen comienzo sería construir relaciones saludables en todos tus entornos.

Yo hago lo posible por mantener relaciones sanas en mi trabajo, en mi vida íntima, y en mis encuentros cotidianos con la gente. También he decidido deshacerme de las relaciones que son crónicamente tóxicas para obtener la libertad personal y la felicidad. El objetivo de este libro es ayudarte con tus relaciones para que seas una persona satisfecha. Comparto contigo, de manera sencilla, las lecciones que he aprendido en el camino hacia la libertad personal y mi despertar espiritual. No pretendo tener todas las respuestas. Simplemente te pido que mantengas una mente abierta.

Este libro, en formato de cuaderno de ejercicios, te dará las herramientas necesarias para llevar a cabo el trabajo y llegar al momento en que puedas experimentar relaciones gratificantes. Como con todo en esta vida, si realizas el trabajo, disfrutarás de los resultados.

También he incluido algunas citas preferidas de personas que me han inspirado. Son tantos los grandes maestros con grandes ideas. Creo que todos podemos aprender los unos de los otros.

El motivo por cual debemos construir relaciones sanas es para disfrutar de los demás. Si puedo hacer una diferencia positiva en tu vida o inspirarte a construir relaciones sanas entonces he logrado mi cometido. Esto tal vez resuene con algunos más que otros porque todos estamos en diferentes fases de nuestras vidas. La vida es un viaje no un destino.

Así que ¡disfruta el viaje y mantén una mente abierta para recibir lecciones nuevas y encontrar relaciones que funcionen para ti! Yo creo que no importa el número de relaciones sino la calidad de ellas.

A menudo digo: "Me encanta mi vida y estoy agradecida." Estoy agradecida por las personas que son parte de mi vida y también por las oportunidades de crecer y aprender todos los días que decido reconocer las bendiciones en mi vida. Espero con anhelo mis bendiciones futuras.

No es que yo tenga una vida perfecta. Como toda persona, he padecido vicisitudes. Realmente ni estoy segura de lo que se considera una vida perfecta. Tampoco es que me niegue a ver los problemas que surgen en mi vida. El simple hecho de vivir en este planeta puede ser desafiante, pero la manera en que nos enfrentamos a nuestros problemas determina si vemos estos desafíos como bendiciones. Si tienes relaciones sanas se te hará más fácil enfrentarte a los retos de la vida. Yo tengo una red de apoyo fuerte y trato de mantener relaciones positivas y por eso sé que puedo sobrellevar cualquier obstáculo que se presente en mi camino.

La vida perfecta no existe pero cuando aprendas a dominar tus reacciones a los desafíos de la vida y rodearte de personas sanas, tu vida te parecerá perfecta. ¡Espero que a ti también te encante tu vida!

Relaciones

Un significado general de la palabra relación es *trato o unión entre dos personas o más.* También se puede definir una relación como una conexión significativa o similitud que hay entre dos cosas o más o corresponder una cosa con otra.

Interactuamos con muchas personas en el transcurso de nuestra vida. Durante los años de desarrollo social interactuamos con nuestros padres, hermanos, maestros, amigos y otros parientes. Sin embargo, el hecho de que tengamos comunicación con estas personas no significa que tengamos una relación saludable.

Conforme crecemos y nos convertimos en adultos, aprendemos que no todas las relaciones son sanas y que cada relación es muy distinta. Si somos afortunados, nos damos cuenta que somos libres de decidir con respecto a nuestras relaciones. Si nos encontramos en relaciones que se tornan abusivas, negativas o que no son saludables, sabemos que tenemos la opción de salir de ellas. Una vez que entiendas que eres libre de decidir, será mucho más fácil para ti librarte de aquellas relaciones en tu vida que no funcionan.

Algunas personas se enfocan en cambiar a la otra persona o la conducta de él o ella para tratar de mejorar la relación. No podemos cambiar a los demás pero sí podemos cambiar el modo en que nos relacionamos o interactuamos con ellos. Nosotros solo podemos controlar nuestra parte de la relación y nuestras acciones. Somos libres de escoger si queremos participar en alguna situación en particular.

Si la clave a una vida gratificante es encontrar un balance, entonces ¿por qué han de ser diferentes las relaciones? Hago todo lo posible por mantener relaciones sanas con las personas que me importan y romper con aquellas relaciones tóxicas. Como resultado, he experimentado una gran sensación de libertad personal.

Cuando nos ponemos a pensar en el pasado y saboreamos aquellos recuerdos, esos recuerdos suelen incluir a otras personas. Solemos compartir nuestros logros y fracasos con las personas que forman parte de nuestras vidas. Las relaciones saludables pueden darle una enorme alegría a tu vida. Tener con quien compartir los sucesos positivos y los desafíos de la vida puede ser una de sus mayores recompensas.

Puesto que estás leyendo este libro, te ha de interesar desarrollar algunas relaciones sanas en tu vida. Tal vez quieras mejorar algunas y librarte de otras. Tal vez se te vengan a la mente algunas relaciones que no son muy buenas y no sepas que hacer con ellas.

Bueno, con leer este libro ya estás tomando el primer paso. Tal vez te interese mejorar tus relaciones ya existentes o encontrar algunas nuevas que satisfacen tus necesidades. Las relaciones positivas pueden enriquecer tu vida con armonía y gratificación.

Los seres humanos somos seres sociales por naturaleza. La interacción social nos ayuda a relacionarnos al mundo externo y nos da perspectiva. Además, nos conduce a celebrar los buenos tiempos y nos proporciona una malla protectora en que caernos. Quienes carecen esta malla protectora suelen caer hasta en la más profunda desesperación y oscuridad.

En 1943, el psicólogo americano Abraham Maslow formuló en su teoría una jerarquía de necesidades humanas. Maslow teorizó que una vez satisfechas las necesidades fisiológicas y de seguridad, el ser humano busca satisfacer necesidades sociales; esto implica sentir inclusión social. Este aspecto de la jerarquía de Maslow entraña las relaciones basadas en lo emocional:

- amistad
- intimidad
- familia

Los seres humanos necesitan sentirse incluidos y que son aceptados, ya sea por colectivos sociales grandes como clubs, el grupo de la oficina, grupos religiosos, organismos profesionales, equipos deportivos, pandillas o por otras personas con quien tienen conexiones sociales más íntimas como sus familiares, pareja íntima, mentores, colegas o confidentes. Necesitan amar y ser amados, tanto de forma platónica como sexualmente.

Muchas personas pueden ser propensas a la soledad, la ansiedad social y la depresión clínica si falta alguno de estos elementos. Cuando carecen del beneficio de las relaciones positivas, las personas pueden caer en una depresión profunda, pueden sentirse solas y que no pertenecen a nada. Al extremo de esta situación está la desesperanza. Sin ilusiones las personas no se pueden imaginar un futuro.

Este libro te ayudará a desarrollar y dominar las destrezas necesarias para tener relaciones sanas. Te ayudará a lograr una sensación de apoyo e inclusión. No obstante, para obtener el mayor beneficio de este libro deberás ser brutalmente honesto con ti mismo. Tienes que ser honesto para que esto funcione. La honestidad enriquecerá tu felicidad.

Te recomiendo que empieces por tomar un inventario de las personas que actualmente forman parte de tu vida. Esto servirá para evaluar y definir tu situación basal. ¿Cuáles de tus relaciones son buenas y cuáles son malas?

Dedícate un poco de tiempo tranquilo sin interrupciones o distracciones. Desconecta el teléfono, apaga tu móvil, tu Blackberry o tu iPhone y ponte en marcha. Tal vez se sienta un poco raro pero tómalo como una inversión en ti mismo. Nadie vive en un vacío; estamos vinculados los unos a los otros.

El inventario de relaciones: ¿Quién forma parte de tu vida?

Toma una pluma y un papel o si quieres hazlo en la computadora que es igual de eficaz. Si eres una de esas personas a quien no le gusta hacer listas, toma lista mental. Haz lo que más te parezca.

- Toma unos momentos para hacer una lista de las personas en tu vida.
- Piensa en ellas individualmente. Pronuncia los nombres algunas veces en voz baja o alta. Date cuenta de lo primero que se te viene a la mente. Puede ser un adjetivo, lo que te hace sentir o una emoción. Presta atención a lo que sientas cuando piensas en aquella persona y anota algunas cosas. Es muy importante ser honesto. No tienes que enseñarle la lista a nadie. Esto es solamente para tu crecimiento personal y tú decidirás si quieres enseñársela a alguien.
- Repite este ejercicio para cada persona en la lista, tomando una breve pausa entre cada una.

Inventario de relaciones
(ejemplo)

Nombre	Pensamientos	Sentimientos
Guillermo	Es fuerte y compasivo. Creo que siempre podré contar con él.	Lo quiero.
María	Drama, le encanta el chisme. Es egocéntrica y se cree la divina garza.	Siento que no puedo confiar en ella.

Jaime	Me hace reír, es divertido. Él siempre es interesante y me fascina.	Me siento contenta cuando lo tengo cerca.
Susana	Es inteligente y cariñosa; ama la vida.	Siento que me quiere y que me cuida.
Juan	Siempre está deprimido y es negativo. Siempre se hace la víctima.	No me siente a gusto cuando él está.
Eric	Un amigo de muchos años. Siempre cuento con él.	Lo quiero incondicionalmente.
Ana	Ama la vida, es extrovertida, positiva y una verdadera amiga.	Siento una gran conexión con ella.

Tal vez no puedas completar la lista de una sola vez, dependiendo del número de personas en tu vida. La puedes hacer a un lado y completarla después.

También es bueno darte un tiempo antes de repasar tu lista de inventario nuevamente. Una vez que hayas tomado tu inventario, revísalo para reflexionar sobre *tu* participación en cada relación.

- ¿Qué haces tú para mantener esta relación sana?
- ¿Das apoyo y quieres o amas incondicionalmente?
- ¿Cómo le añades valor y alegría a la vida de la otra persona?
- ¿Sueles juzgar o criticar?
- ¿Eres honesto y sincero?
- ¿Eres un buen oyente?
- ¿Tienes que ver con aquella persona sólo por costumbre?

Si sientes negatividad al pensar en alguna persona en particular, analízalo. ¿De dónde proviene ese sentimiento?

Las relaciones pueden ser afectadas por sentimientos no resueltos. Una persona puede guardar rencor, resentimiento, culpabilidad u otras emociones. Estas emociones y sentimientos no resueltos pueden impactar la situación actual.

Actualiza tu inventario de relaciones anualmente

Tal vez sea bueno analizar este inventario de vez en cuando. Ten presente que las relaciones cambian con el tiempo y las experiencias así que es importante analizarlas periódicamente conforme evolucione tu vida.

Lo fascinante de las relaciones es que son dinámicas y evolucionan conforme cambian las personas. No hay dos relaciones iguales. Cada uno aportamos nuestras experiencias y percepciones a la relación por buenas o malas que sean.

También puedes volver a evaluar tu inventario cuando hayas terminado de leer el libro porque tal vez haya cambiado tu perspectiva; eso influirá en la manera en que participas en tus relaciones.

Ahora que has completado tu inventario y has definido quien forma parte de tu vida, es necesario que realmente creas que debes y mereces tener relaciones sanas en tu vida. Una buena técnica para esto es utilizar afirmaciones positivas. Estas ayudan a reprogramar la mente y te enseñan a integrar nuevas maneras de pensar en tu vida diaria. Las afirmaciones funcionan si las repites.

Una afirmación positiva programa estos pensamientos positivos y creencias en mi mente. Las puedes decir en voz alta o anotarlas.

- Yo merezco tener relaciones sanas en mi vida.
- Quiero relaciones saludables en mi vida.
- Estoy manifestando más amor en mi vida de lo que me pueda imaginar.
- Me encanta ser amado.
- Me encanta dar amor.

Si las estás diciendo en voz alta, repítelas más fuerte. Dilo como si realmente lo creyeras: que las palabras salgan desde lo más profundo de tu alma.

- Yo merezco tener relaciones sanas en mi vida.
- Quiero relaciones saludables en mi vida.
- Estoy manifestando más amor en mi vida de lo que me pueda imaginar.
- Me encanta ser amado.
- Me encanta dar amor.

Si ninguna de estas frases resuena contigo, puedes crear tu propia afirmación que sea más apropiada para ti. Deben ser palabras que tengan algún significado especial para ti.

Yo _____ relaciones en mi vida.

Anótalas y ponlas donde las veas todos los días. Ponlas en un espejo, en tu coche, tu computadora, o cualquier sitio donde las puedas ver con regularidad. Todos necesitamos recordatorios para reprogramar nuestros antiguos pensamientos.

Si no te sientes a gusto sujetándolas por ahí, puedes anotarlas en las notas de tu Blackberry, iPad o iPhone. Cada persona tiene que encontrar la mejor manera de hacerlo para que esto funcione.

Puedes usar algún objeto como desencadenante de la memoria. Puede ser una foto u otra cosa que sirva de recordatorio para que te acuerdes de repetir estas afirmaciones.

Al tomar tu inventario, has demostrado que estás dispuesto a participar en relaciones sanas y has aceptado que mereces relaciones constructivas. Has dado el primer paso hacia construir relaciones sanas. ¡Te felicito, es un muy buen inicio!

El cambio y las relaciones dinámicas

Las relaciones son procesos evolutivos. Una buena relación puede tornarse mala por muchos motivos y viceversa. Me doy cuenta que ya no soy la misma de hace diez años, ni siquiera la de hace cinco años. Me esfuerzo por evolucionar como persona. Estos cambios han influido en algunas de mis relaciones. La gente cambia y a veces existen influencias externas que afectan a las personas. La gente también crece y a veces se alejan. Las drogas y el alcohol pueden cambiar el comportamiento de las personas. Lo único seguro en la vida es el cambio. Gústenos o no, el cambio existirá. Por naturaleza humana no nos gusta el cambio. Sin embargo, cuanto más nos adaptemos a él, más felices seremos.

Las personas pueden tener reacciones diferentes al trauma. Algunas personas lo internalizan mientras que otras se desquitan con las personas más allegadas o con desconocidos.

Un ejemplo extremo de esto es el enfado del conductor. Algunas personas desquitan su ira con otros conductores. Unos hasta disparan. ¡Qué barbaridad!

Si un conductor se te atraviesa en la autopista por error, ¿realmente vale la pena dispararle? Por supuesto que no. Esto para mi demuestra que el tirador ha llegado a un punto en que ya no aguanta más su infelicidad y quiere lastimar a los demás. Demuestra su dolor e ira al desquitarse con otras personas. Si tienes algún sentimiento negativo subyacente, haz algo al respecto, si no este afectará tus relaciones con otras personas.

"Nunca podremos obtener la paz en el mundo exterior hasta que hagamos la paz dentro de nosotros mismos."
—Dalai Lama

"Hay que levantar este día sobre una base de pensamientos agradables. Uno no debe preocuparse nunca por ninguna imperfección que uno tema pueda impedir su progreso. Hay que recordar, tan seguido como sea necesario, que uno es hijo de Dios y que tiene el poder de alcanzar cualquier sueño si eleva sus pensamientos. Es posible volar cuando uno decide que puede hacerlo. No hay que volver a considerarse derrotado. Hay que dejar que lo que el corazón ambiciona sea el proyecto de la propia vida. !Hay que sonreír!"
— Og Mandino

Capítulo 2

Los cimientos de una relación sana

Muchas personas no entienden que las relaciones requieren unos cimientos sólidos que las sostengan en las buenas y en las malas. Una casa sin cimientos seguros se derrumba ante el impacto de los elementos ambientales. Sin cimientos sólidos, no se puede construir. Tú eres la base sobre cual construyes toda relación en tu vida. Necesitas esos cimientos para que las relaciones en tu vida sean sanas y no tambaleen.

Ahora que has establecido las relaciones en tu vida, necesitas identificar los principios esenciales de toda buena relación. Una relación sana debe tener como base lo siguiente:

- comunicación
- honestidad
- confianza
- respeto
- reciprocidad

Tú también puedes identificar cuáles sean los pilares de una relación sana para ti. Yo estoy compartiendo lo que funciona para mí.

Comunicación

La comunicación es la piedra angular de toda relación. Suena sencillo ¿no? Y si es tan sencillo ¿por qué hay tanta falla de comunicación? Si no estás seguro de lo que la otra persona te quiere decir entonces pídele que te lo esclarezca. Nunca debemos fiarnos de suposiciones si no estamos seguros.

En algunas ocasiones me he equivocado al pensar que entendí lo que otra persona me quiso comunicar. Mi percepción fue basada en mi realidad pero la comunicación fue basada en la percepción de la otra persona. La realidad y la percepción de cada persona son diferentes. A veces, la comunicación nos obliga a depender de las palabras, y a la vez el lenguaje que utilizamos es influido por nuestra cultura. Las palabras pueden tener significados y matices muy distintos para diferentes personas.

En tu infancia, ¿alguna vez jugaste al teléfono descompuesto? La primera persona le susurra una frase a la siguiente y el mensaje, al ser transmitido a lo largo de una cadena de oyentes, se va distorsionando. Resulta muy gracioso escuchar el mensaje final porque es tan distinto al original. Esto es una combinación de falla de comunicación y las diferencias en la manera en que percibimos las cosas según nuestra realidad individual. Por eso mismo es tan importante tener una comunicación clara en nuestras relaciones.

Pídele a la otra persona que esclarezca lo que te quiere decir o que te lo repita si no estás seguro de haberle entendido bien. Es importante que te quede claro el significado intencionado. También es sumamente importante que elijas cuidadosamente tus palabras; Habla claro y sé consecuente: la otra persona no es telepática.

Los niños pequeños suelen hablar sin censura. Dicen exactamente lo que piensan. A veces son tan brutalmente honestos que resulta gracioso. Conforme nos convertimos en adultos, aprendemos a censurarnos. Utilizamos la censura para no lastimar a los demás o para no parecer groseros. Esta censura es influenciada por la sociedad y lo que esta considera conducta aceptable. Algunas personas permiten que sus palabras sean influenciadas por lo que ellas creen que los demás quieren escuchar. No permitas que tus opiniones sean comprometidas nada más por darle gusto a los demás. Tus opiniones y percepciones pueden cambiar conforme vivas tu vida y tengas experiencias nuevas. Tus experiencias pasadas se convierten en un punto de referencia. Las emociones también pueden tener un gran impacto en la comunicación. Puede que digas algo sin querer en un arranque de enojo. Creo que todos en algún momento lo hemos hecho, dijimos algo cuando estábamos enojados y después nos arrepentimos y quisiéramos retractarlo. Sin embargo, una vez dicho, es demasiado tarde. Sería mucho más productivo tener conversaciones importantes cuando no nos sentimos enojados o frustrados. Debes estar tranquilo antes de tener cualquier conversación importante.

Honestidad

La verdad te librará. A veces cuando conocemos a una persona por primera vez, por naturaleza humana queremos causar una buena impresión. No solemos ser completamente honestos porque no queremos sentirnos vulnerables. Surgen nuestras inseguridades y cuestionamos nuestro propio valor. Creemos que si la persona realmente nos conociera no le caeríamos bien. A veces no decimos toda la verdad o exageramos. Si no eres honesto, tu relación no tendrá cimientos sólidos.

Cuando te enteras de que alguien no ha sido completamente honesto contigo, ¿qué es lo primero que se te viene a la mente? *Si me ha mentido sobre esto, ¿de qué más ha mentido?*

¿Puede existir la confianza sin la honestidad? *Si esta persona me miente, ¿cómo puedo confiar que me dirá la verdad en el futuro?*

Confianza

La escritora inglesa Ann Radcliffe dijo: "Nunca confío en las aseveraciones de las personas, siempre las juzgo por sus actos."

Según el Diccionario de la Real Academia Española, la confianza es *una esperanza firme que se tiene de alguien o algo, la seguridad que alguien tiene en sí mismo o un pacto o convenio hecho oculta y reservadamente entre dos o más personas.*

A veces puede existir confianza en una relación pero esta se va deteriorando cuando las personas abusan de ella. En otras situaciones, la confianza se va ganando con el tiempo. ¿Qué significa la confianza en una relación?

Hazte las siguientes preguntas:

- ¿Confías que la otra persona no te lastimará?
- ¿Confías que te será leal?
- ¿Confías que te hablará con la verdad?
- ¿Confías que cuentas con ella cuando la necesites?

En mi opinión, la verdadera confianza requiere una respuesta afirmativa a todas esas preguntas y más. Para mí, tenerle confianza a alguien toma tiempo, no es automático. Tiendo a evaluar si lo que dice la persona cuadra con sus acciones. Si escucho una cosa pero veo una acción distinta, será difícil para mí confiar en él o ella.

Recuerda que la confianza es una vía de doble sentido. Si tus actos no son congruentes con tus palabras, la otra persona no confiará en ti.

Respeto

Respetar significa estimar, honrar, apreciar o considerar a algo o alguien. El respeto es algo que todos deseamos. A nadie le gusta sentir que no se le respeta. Cuando sentimos que se nos ha faltado al respeto, sentimos que a la otra persona no le importa nuestros sentimientos. La falta de respeto puede producir resentimiento o rencor y esto se convierte en ira. Si sientes que te han faltado al respeto en algunas de tus relaciones, es importante discutir y resolver el problema lo más pronto posible. Si no se puede solucionar, tendrás que decidir si continuarás en esa relación.

Reciprocidad

Otro componente clave de una relación es la reciprocidad. Si nadie se está beneficiando de la relación, es porque no es una relación sana. Algunas personas solo toman sin dar nada a cambio, ya sea emocional, mental, espiritual o físicamente.

Quizás sería bueno preguntarte si puedes contar con aquella persona cuando la necesites. Si te das cuenta de que la relación no conlleva ningún beneficio, tal vez sea tiempo de librarte de ella. La vida no siempre está completamente equilibrada. En las relaciones a largo plazo a veces existe el efecto sube y baja. Por un tiempo una persona da más y la otra persona le corresponde después, pero debe llegar un momento en que se nivela.

Es necesario encontrar ese delicado equilibrio que satisface las necesidades de ambas personas. Por otra parte, también es necesario que te veas al espejo y te preguntes si no eres tú quien siempre toma de esa relación sin dar nada a cambio. De ser así, tienes la capacidad de cambiar.

Si piensas que hay características adicionales que requieras en tus relaciones, añádelas. Agrega cuantas cualidades sean necesarias para ayudarte a identificar lo que es importante para ti en una relación.

"Insiste en ti mismo. Nunca imites."
— Ralph Waldo Emerson

"El que no lleva la belleza dentro del alma
no le encontrará en ninguna parte."
— Ralph Waldo Emerson

Capítulo 3

El amor propio y la felicidad: Empieza conmigo

Antes de que puedas participar en una relación saludable con otra persona, tendrás que tener una relación sana con ti mismo. Ya sabes que eres la base de todas tus relaciones. Cuando las personas escuchan el término amor propio, piensan que significa *Me amo a mi mismo*. Pero para que exista el verdadero amor propio, tus pensamientos deben ser acordes con tus actos.

Muchas personas dirán: "Por supuesto que me amo a mi mismo. ¿Quién no lo hace?" Pero en realidad, muchos de nosotros no lo hacemos y quizás ni cuenta nos demos. En la superficie lo harás pero tus actos cuentan una historia diferente. Presta atención a tu conducta.

Tener una buena autoestima es esencial al amor propio. Es fundamental sentirte cómodo en tu propio pellejo y disfrutar de quien eres tú. Lo bello de la vida es que todos somos diferentes. No existen dos personas que sean exactamente igual. Es importante que te sientas contento contigo mismo y que no seas inauténtico. Si no te quieres a ti mismo, ¿cómo esperas que te quieran los demás? Esto no significa que sin amor propio no tendrás relaciones. Sí las tendrás solo que no serán de las sanas; las que son plenas de amor y alegría.

Muchos basan su felicidad y amor propio en cosas materiales:

- Cuando tenga más dinero seré feliz.
- Cuando tenga una casa más grande seré feliz.
- Cuando tenga un cónyuge atractivo seré feliz.
- Cuando consiga es anillo de diamantes seré feliz.

Cualquiera sea el caso, muchas personas buscan factores externos para sentirse realizadas. Es fácil dejarse llevar por la corriente si esta nos promete la felicidad. Vivimos en una sociedad consumidora, pero esas cosas materiales, ¿realmente te harán feliz? Claro que no. Sin embargo, los anunciantes nos convencen que sí para vender más carros, ropa o productos.

Existen muchísimos ejemplos de que la riqueza no es la felicidad. Toma algunos minutos para reflexionar sobre lo que te hace feliz. Toma esta oportunidad de no anotar cosas de carácter material. Por ejemplo, me encanta pasar tiempo con mi hijo, el excursionismo, socializar con mis amigos, asistir a conciertos, y las caminatas con mis perros. Me he dado cuenta de que las cosas más sencillas de la vida son las que me traen la mayor alegría.

Amor propio

No se debe confundir el amor propio con el narcisismo. El extremo negativo del amor propio sucede cuando una persona está totalmente desajustada y es extremadamente egoísta. Esta persona solo piensa en sí misma y le suele ir mal en las relaciones. Creo que todos nos hemos topado con una de estas personas en algún momento u otro.

Evaluación de tu amor propio

- ¿Te gusta quien eres?

Sé sincero y pregúntate si:

¿Temes estar solo?

Existe una diferencia entre estar solo y sentirte solo. Si te amas a ti mismo, debes sentirte bien cuando estés solo. De hecho, tal vez disfrutes muchísimo de esos momentos a solas. Tener tiempo a solas es parte de tener una vida equilibrada.

¿Puedes pasar tiempo a solas y estar bien?

¿Sientes miedo, ansiedad o una intranquilidad generalizada cuando estás solo? En cuanto te quedas solo, ¿deseas tener alguien que te acompañe? ¿Crees que sólo puedes ser feliz si tienes a tu pareja, novio, familia o amigos a tu alrededor? ¿Te aburres si estás solo?

¿Te sientes incompleto a menos de que estés en compañía de alguien?

Algunos de nosotros dependemos de los demás para sentirnos feliz.

- No soy feliz por culpa de mi esposo o esposa.
- No soy feliz por culpa de mi jefe, mi madre etc.
- Él o ella ya no me hace feliz.

En realidad, ¿es responsabilidad de otra persona hacernos feliz? No! La responsabilidad es solamente nuestra. Nosotros debemos hacernos responsables por nuestra propia felicidad.

Cuando quieres a alguien es normal sentirte contento cuando le veas o pases tiempo con él o ella. Sin embargo, no es responsabilidad de aquella persona hacerte feliz. Tú tienes que responsabilitarte por tu propia felicidad.

La felicidad es subjetiva. Lo que hace feliz a una persona tal vez no te haga feliz a ti. Fíjate en lo que te trae felicidad. Trata de evaluar tu red social, tu trabajo, tu familia y tus amistades con una perspectiva holística.

"La felicidad depende de nosotros mismos."
--Aristóteles

La autoevaluación de tu felicidad

Toma un minuto en un lugar tranquilo y pregúntate qué porcentaje del tiempo eres feliz y qué porcentaje no eres feliz. Sé honesto porque si no puedes ser honesto con ti mismo, probablemente no eres honesto con los demás. Hace falta ser abierto y honesto para realizar los cambios tan necesarios.

¿Qué porcentaje del tiempo soy feliz? Y... ¿qué porcentaje del tiempo me siento infeliz?

Contesta esta pregunta utilizando un promedio sobre un periodo de tiempo. Puedes analizar los últimos cinco años, los últimos cinco meses o las últimas cinco semanas. Escoge el periodo de tiempo que más te parezca.

Si te cuesta contestarla, puedes analizar el día de hoy, para que sea más sencillo. Pregúntate, ¿soy feliz el día de hoy? Entiende que cada día es diferente y que todos tenemos nuestros días buenos y nuestros días malos. La mayoría de las personas nunca se hacen este tipo de pregunta. Vivimos nuestra vida sin evaluarla o sin evaluar nuestra felicidad.

Nadie puede estar de buen humor todo el tiempo. La vida simplemente no es así. Yo estoy contenta el 95% del tiempo. Batalle mucho para poner mi vida en orden y llegar a este punto, pero valió la pena. Recuerda que cada persona es diferente, así que trata de no compararte con otra persona. No obstante, entre más te aproximes al 100%, mejor será tu vida.

Poner esto en un formato que pueda ver realmente me ayudó bastante ya que soy una persona visual. Puse mis resultados en un gráfico circular. Tú puedes hacer lo mismo con tus resultados. Siempre es bueno tener una representación visual de tu vida. A veces tenemos una idea pero una vez que la plasmamos tenemos un mejor entendimiento del concepto.

Cuando hayas determinado qué porcentaje del tiempo eres feliz, date una calificación basada en la tabla a continuación:

10	96 - 100
9	93-95
8	85-92
7	78- 84
6	71-77
5	66-70
4	60-65
Reprobado	Menos de 65

Sé lo más sincero posible cuando hagas esta evaluación. Sólo te lastimas a ti mismo si no te atreves a mirarte en el espejo. Los resultados de este ejercicio serán una herramienta que servirá para determinar si estás listo para tener relaciones sanas.

¿Qué significa tu calificación?

Para empezar, considera el periodo de tiempo que decidiste evaluar. Si te basaste en los últimos seis meses, entonces por ahí empezaremos. Si dijiste que eres feliz el 75% del tiempo eso significa que eres infeliz el 25 % del tiempo. El 25 % de seis meses es un mes y medio lo cual equivale 45 días o 1.080 horas. ¿Quién quiere andar por ahí sintiéndose infeliz por 1.080 horas? La vida es demasiada corta para andar así.

9-10: Eres feliz la mayor parte del tiempo y vas por un buen camino. Tienes una vida equilibrada y probablemente tienes una actitud positiva. Te das cuenta de que eres tú quien controla tu propio destino. Puedes sobrellevar los obstáculos que la vida pone en tu camino.

7-8: Eres feliz una amplia mayoría del tiempo. Vas muy bien pero aún puedes mejorar. Analiza los aspectos de tu vida que puedas cambiar. ¡Ya casi estás! Solo hacen falta algunos ajustes menores en tu vida.

5-6: No ser feliz el 30% del tiempo vienen siendo 216 horas de infelicidad al mes. Quiere decir que nueve días del mes no eres feliz. Es hora de que busques algunos pasatiempos y encuentres lo que te apasiona. También es hora de revalorar el inventario de relaciones en tu vida y tal vez poner algunas en orden. Tú tienes la capacidad de cambiar tu vida.

4: Si no te sientes satisfecho o realizado el 40% del tiempo, toma tiempo para encontrar lo que te apasione. Reflexiona amplia y profundamente sobre lo que te impide ser feliz y esfuérzate por librarte de esos complejos. Revalora el inventario de relaciones en tu vida y ponlas en orden. El peso del pasado te impide ser feliz.

Si eres feliz menos del 59% del tiempo ahora es cuando tienes que trabajar en ti mismo y empezar a gozar de la vida. Esto no significa que eres una causa perdida. Esto significa que tienes que hacer cambios radicales en tu forma de pensar y empezar a disfrutar de la vida. Tu vida es compuesta de pensamientos. Empieza a enfocarte en lo positivo y no en lo negativo. Enfócate en lo que tienes y no en lo que no tienes. Por la mañana, haz una lista de las cosas por cuales te sientes agradecido. Siéntete agradecido por las cosas pequeñas de la vida. Si no eres feliz, ¿cómo puedes esperar que la gente quiera estar cerca de ti?

La buena noticia es que en cuanto empieces a solucionar tus complejos, podrás incrementar tu felicidad. Un aumento de felicidad da raíz a más alegría y atrae a las personas. El grado de tu felicidad es algo tú puedes cambiar pero requiere un esfuerzo de tu parte. Si te lo propones y haces los cambios necesarios verás resultados tangibles. Tal vez decidas repetir este ejercicio cuando las cosas hayan cambiado para ti. Cuando aprendas que tú eres responsable por tu felicidad, verás como tú controlas tu destino.

Entonces, ¿qué nos impide amarnos a nosotros mismos y ser feliz?

Cuando somos pequeños, somos felices y capaces de amar a otros y a nosotros mismos. ¿Qué fue lo que cambio? En el transcurso de los años tuvimos varias experiencias que nos ocasionaron diferentes emociones.

He aquí algunos ejemplos de las emociones que pueden obstaculizar nuestro amor propio y felicidad:

- culpabilidad
- secretos encerrados
- inseguridades
- temor
- ser víctima

Culpabilidad

La culpabilidad puede ser producto de algo que hiciste o algo que te hayan hecho. Todos cometemos errores pero la clave a la felicidad es aprender del error, soltar la culpabilidad relacionada al error y seguir adelante. Aprender de la experiencia es fundamental para soltar el sentimiento de culpa.

Nadie es perfecto y de nada sirve martirizarte cuando el pasado no tiene remedio. No vivas en el pasado. Tampoco viene al caso sentirte culpable sobre el futuro, es decir, algo que todavía no ha pasado; Así que no lo hagas. Suelta esa culpabilidad que te impide ser feliz.

Tienes que enfrentarte a los problemas que te ocasionan sentimientos de culpa; Suéltalos para que no interfieran en tus relaciones actuales. Más adelante en este libro, aprenderás algunas cosas que servirán de herramientas para aprender a soltar.

Secretos encerrados

Los secretos encerrados producen problemas en nuestras vidas y no nos permiten ser congruentes. Estos secretos pueden producir vergüenza, culpabilidad o ira. Si no vivimos de manera congruente, será difícil tener una relación saludable.

La revelación de un secreto encerrado puede unir a las personas o identificar quienes realmente deben ser parte de nuestra vida. A veces cuando experimentamos acontecimientos desagradables en nuestra vida solemos enterrar el recuerdo; Es un mecanismo de defensa. No queremos pensar en el acontecimiento porque el recuerdo nos produce dolor. Puede ser algo horrible como haber sufrido maltrato en la infancia. Reprimimos el recuerdo por el dolor que nos produce, pero tarde o temprano sale a la luz y a veces de una manera muy inesperada. Hacerle frente a estos secretos encerrados no es fácil pero beneficiará tus relaciones.

El perdón es una herramienta poderosa

El perdón juega un papel importante en resolver problemas ocasionados por los secretos encerrados. El perdón puede ser el que le concedes a otra persona o a ti mismo. A menudo, las personas se llegan a querer incondicionalmente a través del perdón concedido cuando el secreto es soltado.

Inseguridades

Casi todos tenemos alguna inseguridad y esta nos obstaculiza el camino hacia la felicidad. Las inseguridades son muy personales y usualmente basadas en lo que percibimos como carencias, o en algunos casos, son basadas en carencias señaladas por otras personas. Estas inseguridades pueden ser desde sentirte demasiado gordo o flaco; demasiado alto o bajo; demasiado viejo o joven; tener demasiada formación académica o no tener la suficiente, etc.

De alguna manera sentimos que no somos normales. Las inseguridades son comunes pero a la hora de la hora hay que analizar el grado de la inseguridad. Si la inseguridad es tan grande que nos impide querernos a nosotros mismos, esta puede conducir a conducta autodestructiva. Las personas pueden desarrollar trastornos de conducta alimentaria, hacerse adictos a las drogas, al alcohol, al sexo, a la comida, a las compras o al juego. Todo tipo de auto abuso es perjudicial.

Sentir que nos estamos perdiendo algo o que carecemos algo en nuestra vida puede ocasionarnos infelicidad:

- Si tuviera un carro elegante sería feliz.
- Si tuviera una casa grande sería feliz.
- Si fuera famoso sería feliz.
- Si tuviera mucho dinero sería feliz.

Sentir que carecemos de algo nos produce inseguridades. Lo importante es darte cuenta de todo lo que necesitas para ser feliz ya lo tienes en tu propio interior. No necesitas cosas materiales o dinero para ser feliz.

Temor

El temor puede ser una emoción muy fuerte que nos impide vivir plenamente. Este puede ser miedo a estar solo, el miedo al compromiso o miedo a ser lastimado. Toda persona ha experimentado temor. Una fobia es un temor intenso y persistente ante ciertas situaciones, actividades, cosas, animales o personas.

Es normal sentir miedo ante ciertas situaciones. Probablemente sientas miedo durante un asalto. Sin embargo, si el miedo está afectando tus relaciones, necesitas examinar la causa. Una persona que pierde a un padre cuando es chico puede desarrollar un miedo a ser abandonado y este se puede manifestar de diversas maneras. La persona tal vez no permita que nadie entre a su vida o se torne muy necesitado o empalagoso.

El temor insuperado puede tornarse en ansiedad. La ansiedad eventualmente puede tener consecuencias físicas. Estos sentimientos no resueltos pueden tener un efecto negativo en las relaciones.

El rol de víctima

Hacerte la víctima no te fortalece. He aquí algunos ejemplos de lo que dice el que se hace la víctima:

- No soy feliz porque nadie me quiere.
- No soy feliz porque me falta dinero.
- No soy feliz porque no soy delgada.
- No soy feliz porque me sucedió algo malo cuando era niño.
- No soy feliz porque nadie me ayuda.

La lista de las cosas que dicen las víctimas no tiene fin. Si te permites permanecer en el papel de víctima nunca serás realmente feliz porque le has entregado el poder de decidir sobre tu vida a otra persona o a una condición. Siempre será culpa de otra persona y nunca te harás responsable por tu propia felicidad.

¡Tomar responsabilidad por tus pensamientos y actos te fortalecerá! Si te quieres a ti mismo, los demás también te querrán. Si no te quieres a ti mismo, ¿por qué te han de querer los demás?

"El amor que retienes es el dolor que llevas."
—Ralph Waldo Emerson

"El odio paraliza la vida; El amor la libera. El odio confunde la vida; El amor la armoniza. El odio oscurece la vida; El amor la ilumina."
—Martin Luther King Jr.

Capítulo 4

Libérate de lo que te ata y suelta lo que te impide ser feliz

Podemos cambiar nuestro nivel de felicidad si nos libramos de ciertos complejos y nos damos cuenta que ya somos completos e íntegros tal como somos. No nos hace falta nada- todas nuestras necesidades ya están satisfechas. Lo que nos detiene a ser feliz es nuestra propia percepción de nuestra vida. Esta percepción no nos permite aceptar la fase de nuestra vida en que estamos.

No caigas en la trampa de compararte a los demás para medir tu éxito o felicidad. Puedes pensar que no eres feliz porque tu vecino tiene bote nuevo y tu no, o que tu hermano es superior a ti porque gana un sueldo mayor. Recuerda que cada uno de nosotros tenemos nuestra propia vida que vivir. No hay dos personas que hayan tenido todas las mismas experiencias y a cada uno de nosotros nos toca nuestro propio camino por la vida. ¿Por qué nos hemos de comparar a los demás?

Es necesario tomar en cuenta que las personas también reaccionan a experiencias de diferentes maneras. Los hermanos pueden reaccionar diferentemente a la misma experiencia traumática. Uno puede superar la experiencia y ser más fuerte que antes, mientras que el otro queda traumado.

Un ejemplo común es la familia que pasa por un divorcio. Un niño puede sentir alivio tras el divorcio de sus padres porque ellos han dejado de pelear, mientras que el otro niño puede permitir que el divorcio de sus padres afecte sus futuras relaciones porque desarrolló miedo al compromiso. Este piensa, *Si no me caso, nunca volveré a sentir el dolor del divorcio.*

Otro gran obstáculo a nuestra felicidad es el aferramiento a algo de nuestro pasado. Esto puede ser el recuerdo de alguna situación, algún acontecimiento o alguna condición específica. Aferrarnos a un recuerdo de algo que generalmente sucedió hace muchos años es algo verdaderamente limitante ya que no nos permite vivir en el presente.

Trabajemos para resolver los problemas que nos impiden ser totalmente felices. Los obstáculos pueden ser removidos para que te sientas libre de disfrutar del ahora.

Ejercicio para soltar

Procura apartar un tiempo sin interrupciones. Necesitarás una pluma y un papel o tu computadora. Apaga tu móvil y avísales a los demás que necesitas tiempo para estar solo. Permítete algunas horas si piensas hacer esto en serio.

Este ejercicio puede ser difícil y hasta doloroso. Puede suscitar emociones sobre cosas no resueltas o duros recuerdos. Muchos de nosotros hemos enterrado recuerdos desagradables por autoprotección. Tal vez sientas necesidad de llorar. Esto es normal, incluso para los hombres. Esto puede sacar algo que has llevado por años. Toda persona lleva su carga emocional. Suelta esa carga: es demasiado difícil de manejar ese peso que llevas encima.

Cierra los ojos y deja que tu mente vague. Estate sentado y quieto algunos minutos y toma algunas respiraciones profundas. Inhala y exhala. Mantén los ojos cerrados y piensa sobre tu vida. Empieza desde tu infancia hasta llegar al presente. Si alguno de los recuerdos es desagradable, evalúa los sentimientos que relacionas con el recuerdo.

Empieza por identificar los recuerdos o pensamientos que te impiden ser feliz. Anótalos. Tal vez tu lista solo contenga algunas cosas o muchas. Si tu vida ha sido mayormente infeliz tal vez esta lista sea larga.

¿Qué has estado cargando?

- Tal vez te sentiste deficiente porque tu padre siempre prefirió a tu hermano mayor.
- Tu maestro de la preparatoria te dijo que no llegarías a ser nadie.
- Los niños se burlaban de ti en el patio escolar porque eras demasiado gordo o flaco.
- Le robaste dinero a tu vecino cuando eras niño.
- Tu ex te engañó.
- Fuiste maltratado o abusado en tu infancia.
- Te avergüenzas de algo que hiciste.

Ya que hayas identificado los obstáculos a tu felicidad, los sucesos, pensamientos o recuerdos, será hora de soltarlos.

Toma tu lista, lee cada cosa en voz alta y di: "Suelto esto y ya no le permito que se interponga en mi felicidad. Yo merezco ser feliz."

Por ejemplo:

- Suelto el recuerdo de sentirme deficiente cuando tenía catorce años. Suelto esto y ya no le permito que se interponga en mi felicidad. Yo merezco ser feliz.
- Suelto el recuerdo de la ocasión en que mi madre me dijo que no soy su hija preferida. Lo suelto y ya no le permito que se interponga en mi felicidad. Yo merezco ser feliz.

Puedes repetir esto cuantas veces sea necesario. Posiblemente llores mientras liberes estos recuerdos. Una buena llorada te ayudará a soltar las emociones relacionadas al recuerdo.

Una vez que hayas procesado cada cosa puedes hacer algo como una expresión simbólica de haber soltado el recuerdo:

- Tira tu lista a la basura.
- Corta la lista con las tijeras.
- Destruye la lista en la trituradora de papel.
- Quema la lista (mi preferida).

Me gusta quemar la lista con una vela blanca porque puedo ver que literalmente se hace humo. Utilizo una vela blanca porque representa la pureza. También puedes aventar la lista en la chimenea, si tienes.

Si tienes mucho que soltar, escribe cada pensamiento o recuerdo en una hoja separada y suelta un recuerdo a la vez. Posiblemente no termines de hacer esto en una sola ocasión pero haz lo que sea más conveniente para ti.

Dentro de aproximadamente un mes de haber hecho el ejercicio de soltar, vuelve a hacer la autoevaluación de tu felicidad. Si realmente has soltado tus obstáculos, el porcentaje de felicidad debe haber aumentado.

Si el porcentaje de felicidad no ha subido, necesitas repetir el ejercicio cuantas veces sea necesario para soltar el pasado.

El ejercicio para soltar puede ser muy gratificante pero también se puede sentir medio raro si nunca lo has hecho. Pueda que no sea fácil para ti soltar esa carga emocional que has llevado por años. Tente paciencia y sigue trabando en ello. Posiblemente sientas una sensación de libertad y satisfacción cuando hayas hecho el ejercicio para soltar. Algunas personas se sienten confundidas o intranquilas cuando el ejercicio suscita ciertas emociones. Esos sentimientos de intranquilidad no durarán.

¿Por qué es tan importante hacer el ejercicio para soltar? Porque nos ayuda vivir en el presente. Disfrutamos de las relaciones cuando vivimos en el presente. Esto nos ayuda a gozar de lo que está frente a nosotros ahora. Tantas personas viven en el pasado o en el futuro.

Para realmente gozar de tus relaciones saludables tendrás que gozar del presente.

Serás una persona más satisfecha en cuanto aprendas cuales son las cosas que puedes controlar y cuáles no están dentro de tu control. Creo que sería un buen momento para rezar alguna versión de la oración de serenidad:

"Señor, concédeme la serenidad de aceptar las cosas que no puedo cambiar, valor para cambiar aquellas que puedo y la sabiduría para reconocer la diferencia."

Una vez que te hayas desecho de tus antiguos patrones de pensamiento, podrás participar en relaciones más saludables y fructuosas.

"Se necesita mucho coraje para liberarse de lo conocido y aparentemente seguro para acoger lo nuevo. Pero no hay seguridad real en lo que ya no tiene sentido. Hay más seguridad en la aventura y lo emocionante, ya que en el movimiento hay vida, y en el cambio hay poder."
—Alan Cohen

"La vida es una flor cuya miel es el amor."
—Jean Baptiste Alphonse Karr

Capítulo 5

La relación con tu pareja

Cada uno tenemos energía femenina y masculina. Carl Jung le llamó el yin y el yang. Encontrar el balance entre las dos cuesta trabajo. Nuestras relaciones influyen sobre el mantenimiento de ese balance. Cuando usamos el término *relación*, a menudo se nos viene a la mente una relación con una pareja (novio, novia, esposo, esposa o cónyuge). Los adultos podemos tener diferentes clases de relaciones pero la relación con nuestra pareja puede ser la que más nos influye. Esto proviene de ese deseo profundo de amar y ser amado.

Durante las últimas décadas, los roles de género han tenido un impacto en la dinámica de las relaciones. Algunas personas dicen que las cosas eran más simples cuando el hombre era el proveedor y la mujer se dedicaba al hogar. Los roles eran claramente definidos en aquel entonces. Las relaciones duraban más porque todos sabían lo que se esperaba de ellos. Claro, también existía en aquel entonces la expectativa de que uno permaneciera con su pareja independientemente de cómo iba la relación.

Para algunos, el divorcio no era una opción por las expectativas sociales o por creencias religiosas. Algunas parejas permanecían juntas aunque no fueran felices.

Las relaciones modernas son complicadas porque el mundo es complicado. Los roles están cambiando, las expectativas están cambiando y el estrés de ganarnos la vida nos afecta de una manera mucho más intensa.

Las prevalencia del divorcio es más alta que nunca. No es fuera de lo común que los cuarentones o cincuentones empiecen un segundo o tercer matrimonio. Esto presenta un conjunto de nuevos retos, incluyendo a ex maridos, ex esposas, entenados, etc. El modelo de la familia reconstituida- los tuyos, los míos, los nuestros, es cada vez más común.

Hasta el cortejo ha cambiado muchísimo. Muchas personas prefieren salir en grupos en lugar de salir con alguien individualmente como se hacía antes. Muchas personas usan el internet para conocer a personas con quien salir. Ahora está de moda el *speed dating*, o citas rápidas, y en eso hay todavía menos interacción personal de uno a uno.

Así que ¿cómo podemos conocer realmente a una persona? La respuesta es sencilla: con el tiempo. Se toma tiempo para conocer a una persona. Muchas personas a los seis meses de salir con alguien apenas están arañando la superficie.

A veces las personas están deseosas por establecer una relación por diversos motivos: la inseguridad es uno de ellos. La necesidad de estar con alguien porque temen la soledad es uno de los motivos más comunes. Tus expectativas y percepciones de alguien pueden ser basadas en tus percepciones y creencias pasadas y tal vez no reflejen en absoluto a la persona frente a ti. Todos tenemos en nuestra mente cómo debe ser la persona ideal. Estas ideas pueden haber nacido de las expectativas de la sociedad, nuestra familia, nuestras amistades o los medios de comunicación.

Algunas mujeres buscan su caballero de radiante armadura o a su príncipe azul para cabalgar hacia el horizonte y vivir felices para siempre. Desafortunadamente, cuando esta expectativa se aplica una relación de la vida real, el hombre puede no estar a la altura y ahí entra la desilusión.

Los hombres a menudo tienen una diferente percepción de la mujer que quieren como pareja. Son mucho más visuales y tienen la idea que su mujer debe verse como una Playmate de Playboy. Idealizan una diosa del sexo y buscan la belleza física. Si supieran cuantas personas trabajan en perfeccionar esas fotos, tal vez cambiaría su realidad. Para obtener una sola foto de glamur para revistas se necesitan maquillistas, peluqueros, estilistas de vestuario, fotógrafos, técnicos de iluminación, y aparte artistas gráficos para alterar la imagen usando Photoshop. Así que en la mayoría de los casos esta expectativa no es nada realista.

A veces nuestras expectativas pueden ser poco realistas. Muchas mujeres crecen con el objetivo de encontrar el marido perfecto y casarse. Cuando no lo encuentran, principalmente porque el marido perfecto no existe, tratan de cambiar a la persona para que cuadre con su percepción del marido perfecto.

Otra manera en que las expectativas pueden influir en una relación es tener idea de que uno puede cambiar a la otra persona. Por ejemplo, algunas mujeres se juntan con hombres sabiendo que son mujeriegos. Inician la relación con la expectativa de poder cambiarlo. Pero ya sabes… genio y figura hasta la sepultura.

Los hombres a veces intentan cambiar a las mujeres de maneras distintas. A veces el hombre sale con una mujer que viste para acentuar sus atributos. Una vez que inician la relación, él le pide que vista de una manera menos atractiva. Esto no es ser realista. Esto puede ocasionar discusiones o una dinámica poco saludable. Es importante que se den tiempo de conocer a la otra persona antes de tener algún compromiso o casarse.

Antes de iniciar una relación, pregúntate lo que buscas en tu pareja. Haz una lista de las cualidades que son importantes en la pareja que deseas y describe la relación que quieras tener. Posiblemente busques alguien con un buen sentido del humor, alguien inteligente, una persona segura de sí misma o noble. Prioriza e identifica en lo que puedas ceder si fuese necesario y cuales cosas son las rompe tratos, es decir, lo que no estés dispuesto a soportar o aceptar.

- Los hijos: No supongas que todo hombre o toda mujer quiere tener hijos. Cada vez hay más mujeres que deciden concentrarse en su carrera y no desean tener hijos. Hay otras personas que ya los tienen. Para algunos, la responsabilidad que entraña tener una relación con alguien que ya tiene hijos es demasiado grande. Criar hijos ajenos es un compromiso enorme.
- La religión: Encontrar una pareja que tenga las mismas creencias religiosas es una prioridad para algunas personas.
- El nivel educativo es importante para algunos.
- La estatura, peso u otros atributos físicos son importantes para algunas personas.
- La afiliación a un partido político puede ser importante para algunas personas.

Decide de antemano lo que no estés dispuesto a aceptar en tu situación y en tus circunstancias personales. Sé honesto con ti mismo al evaluar lo que tú consideras importante.

Es importante que sepas que clase de relación buscas porque cada uno tenemos diferentes necesidades y deseos. ¿Quieres tener una familia? ¿Te interesa casarte o tener un compañero o compañera? ¿Buscas la satisfacción sexual? ¿Quieres salir con alguien sin compromiso? ¿Sólo buscas la amistad? Algunas personas buscan la seguridad económica o el apoyo emocional. Tienes que saber lo que quieres.

- Cierra los ojos e imagínate a la persona.
- Siente la energía de la persona.
- Comprométete a ver llegar a tu vida aquella persona.
- Ten la esperanza de que conseguirás todo lo que quieres y/o algo mejor.

Cuando llegue a tu vida aquella persona especial y tengan una comunicación abierta, hablen sobre lo que es importante para ti.

- ¿Tienen metas en común?
- ¿Tienen lo suficiente en común para que la relación sea sustentable?
- ¿Ambas partes desean lo mismo de la relación?
- ¿Tienen una comunicación eficaz?
- ¿Fijan límites?
- ¿Superan juntos las experiencias difíciles de manera unida, dispuestos a crecer y aceptar el cambio?

Si ya te encuentras en una relación, de todas maneras es una buena idea hacer una lista del tipo de persona que buscas como pareja. La decisión de enseñársela a tu pareja es personal. Si resulta que tu pareja no es muy parecida a la persona a quien buscas, le puedes hacer sentir inseguridad o incomodidad si se la enseñas. Sin embargo, puede ser el momento indicado para revalorar la relación o hablar con él o ella sobre posibles oportunidades de crecimiento como pareja.

También es importante recordar que la gente cambia y evoluciona; somos muy diferentes a los veinte años a como somos cuando tenemos cuarenta o sesenta años. Pasamos por diferentes etapas de nuestra vida y podemos tener diferentes etapas en nuestras relaciones. Cuando recién conocemos a nuestra pareja y nos enamoramos, todo es maravilloso.

La dinámica suele cambiar cuando se empieza una familia. Una vez que vienen los hijos, el en enfoque deja de ser en la pareja. El reto es dedicarse tiempo de calidad como pareja. Puede ser algo sencillo como una noche de cita o un tiempo en que estén solos para interactuar y mantener la intimidad.

Es importante fomentar una comunicación abierta, mantener la confianza, la honestidad y el respeto. Si a tu relación le falta alguno de estos elementos básicos, probablemente surgirán problemas. Si se pierden el respeto, seguramente tendrán problemas.

Algunas parejas discuten sobre asuntos económicos. Estas discusiones pueden ser por la falta de dinero o la manera en que se administra. Una persona puede avenirse a su presupuesto mientras que su pareja vive por encima de sus posibilidades. La buena comunicación será útil para hacerle frente a estos problemas cuando sucedan.

La comunicación es importante porque ayuda a que tu pareja entienda lo que es importante para ti. Un ejemplo clásico es cuando la mujer se abstiene de tener relaciones con su marido mientras que el marido no tiene la menor idea porque está enojada. Puede que esté molesta por algo que sucedió en el pasado.

Si no tienes comunicación con tu pareja, ¿cómo sabrá por qué estás molesto? Las mujeres suelen requerir más tiempo para que se les pase el sentimiento que a los hombres. El hombre puede pensar que el asunto quedó resuelto porque ya hablaron de él, pero la mujer sigue con el asunto el pensamiento. La infelicidad puede tomar forma de muchas maneras.

Es parte de la vida tener conflictos o desacuerdos en una relación a largo plazo. Cuanto más pronto establezcas normas para resolver los conflictos, mejor será tu relación. A veces la solución al problema será aceptar las diferencias de opinión. Nadie tiene la razón el cien por ciento del tiempo y nadie es perfecto. Si tú crees que siempre tienes la razón, será mucho más difícil resolver los conflictos.

Es prudente dejar pasar un tiempo para que ambos estén tranquilos y puedan procesar el verdadero problema. De esta manera, podrán analizar la raíz del problema y no sólo los síntomas. El tiempo que se den para tranquilizarse también ayudará a evitar que se digan cosas sin querer. Las palabras pueden herir, sobre todo si las dice un ser querido. Una buena herramienta para una relación exitosa es de que la pareja nunca se acueste estando enojada. Hay que enfrentarse al problema para que no se prolongue.

Si te encuentras en una relación a largo plazo, acuérdate de enfocarte en las cosas positivas de la relación. Es fácil absorberse en detalles sin importancia. Mujer: ¿es un delito que tu hombre no baje el asiento del inodoro? Hombre: ¿Es imperdonable que tu mujer no le haya puesto la tapa a la pasta dental? Si realmente te molesta tanto, generalmente es porque existen problemas mayores en la relación. Elegiste a tu pareja por algún motivo. Haz una lista mental o escrita de lo que te gusta o encanta de aquella persona. Tienes que recordarte a ti mismo con regularidad las cualidades de tu pareja. Puede ser algo sencillo como *Me hace reír o sonreír* o *Me conoce mis defectos y aún así me ama.*

Nuestra atención suele seguir el rumbo de nuestros pensamientos así que, enfoca tu atención en todo lo que te encanta de tu pareja.

Amor Incondicional

"Si juzgas a las personas, no tienes tiempo de amarlas."
— Madre Teresa

El amor incondicional es el afecto sin límites o condiciones; amor completo. Significa amar a otro sin importar las acciones o creencias de uno. Es un concepto comparable al amor verdadero un término que se usa con más frecuencia para describir el afecto entre la familia, los hermanos en armas y otras relaciones de gran compromiso.

El amor incondicional puede restaurar el balance que nutre nuestra paz interna. Sé que todos nos hemos sentido fuera de balance en algún momento u otro. Esa sensación de desajuste nos hace menos productivos y nos puede hacer sentir insatisfechos, tristes o inseguros.

El amor incondicional suena sencillo pero en realidad es algo muy profundo. Puede ser difícil mantenerlo durante periodos prolongados. ¿Será posible amar sin límites o condiciones? Puede parecer imposible no imponer condiciones o tener expectativas de los demás, sobre todo en una relación de pareja.

Las personas suelen establecer expectativas cuando salen con alguien. Algunas personas creen que después de cierto tiempo de noviazgo es de esperarse que se casen. ¿Significa esto que uno debe casarse después de un año, dos años o cinco años de noviazgo? Cada persona es diferente y tiene sus propias opiniones sobre el momento propicio para contraer matrimonio. El momento debe ser propicio para ambas personas.

Tenerse amor incondicional ayuda a que las parejas respeten el hecho de que ambas partes necesitan sentirse preparadas para un compromiso de esta magnitud. Si una parte no se siente preparada y se le presiona a casarse, puede que esto provoque resentimiento y algunos problemas. Algunas mujeres pueden sentir que su reloj biológico avanza y se sienten apresuradas por casarse. Los hombres desean sentirse seguros en su carrera antes de comprometerse de esta manera. El tiempo propicio para contraer matrimonio puede ser distinto para cada persona y hace falta compaginar con tu pareja.

Sentir amor incondicional no significa que debes permanecer en una mala relación porque amas a tu pareja. Jamás debes permitir que la otra persona te falte al respeto o que te maltrate. Le puedes amar y aún así decidir que no quieres seguir con él o ella. Amarle no significa tolerar su conducta malsana.

Tu tienes derecho a fijar límites y poner un hasta aquí. Si tu pareja se torna físicamente abusiva, puedes dejarle. Esto no significa que le hayas dejado de amar. Esto se haría por el simple hecho de que el respeto es una base fundamental de toda relación.

Tenerle amor incondicional a alguien no significa darle rienda suelta para que te maltrate, no importa cuáles sean las circunstancias. El abuso físico o verbal usualmente representa un problema mayor en la persona abusiva. Puede ser cuestión de control o inseguridades muy arraigadas. Cualquiera sea el caso, tenerle amor incondicional a tu pareja no debe impedir que salgas de esa relación malsana.

Un mentor es un amigo de confianza, un consejero, o un maestro- generalmente una persona con más experiencia. En algunas carreras existen programas de mentoría para que las personas más experimentadas aconsejen a los novatos y les sirvan de ejemplo mientras avanzan en su carrera. Algunos colegios ofrecen programas de mentoría a los nuevos alumnos o a los alumnos con ciertas dificultades. El objetivo es guiar e instruir. Un buen mentor tiene un efecto positivo en su alumno.

La mentoría también se puede aplicar a las relaciones. No es una idea muy común pero su aplicación a las relaciones es perfecta. Si los mentores guían a sus alumnos en su conducta personal, ¿por qué no aplicar el mismo concepto a las relaciones? Busca parejas que estén dispuestas a compartir las lecciones de la vida contigo.

Toma algunos minutos para pensar en aquellas parejas conocidas cuya relación de pareja es sana. Identifícate con una pareja que tenga las mismas cualidades que deseas tener en tu relación saludable. Algunas personas tal vez se identifiquen con sus padres o amigos. No confundas lo sano con la perfección. Recuerda que la relación perfecta, al igual que la persona perfecta, no existe. La perfección es subjetiva; cada persona tiene sus propios criterios de la perfección.

Cuando hayas identificado aquellos cuya relación de pareja te parece ideal, haz una lista de lo que te gusta de aquella relación. Por ejemplo, tal vez te guste que ellos se permiten ser independientes y a la vez saben trabajar juntos, como un equipo.

Toma las mismas acciones que tomarías en cualquier otra situación de mentoría:

- Reúnete con ellos.
- Escúchales.
- Haz preguntas.

Si más personas hicieran esto tal vez tuvieran relaciones más duraderas.

Si tienes la oportunidad de hacerlo, sería muy provechoso asistir a los talleres o retiros de pareja. Esmérate en tu relación de pareja. El esmero no debe desaparecer en cuanto te cases. Mantener una relación sana es un proceso continuo.

El asesoramiento de parejas también puede ser bastante útil. No es bueno dejar el asesoramiento como último recurso porque esperar demasiado tiempo a menudo te conduce a asistir cuando la relación ya está severamente dañada. Ser un matrimonio unido es una transición para ambas personas y ambos tendrán que hacer algunos cambios y ceder en algunas cosas.

Sexo versus amor: ¿Es físico o emocional?

"La pasión es la más rápida en nacer e igual de rápida en extinguirse. La intimidad se desarrolla de una manera más lenta y el compromiso de una forma aún más paulatina."
—Robert Steinberg

¿Cómo podemos distinguir entre relaciones emocionales y relaciones del placer físico? Los hombres y las mujeres tienen diferentes perspectivas sobre este tema. En algunos casos, las perspectivas son influenciadas por la religión o la cultura. Por ejemplo, en mi cultura- la cultura Estadounidense- somos más propensos a buscar satisfacción individual y placer personal. Muchos de nosotros nos hemos hecho a la idea romántica de un amor que se desvanece con el tiempo. Si creemos que el amor es solamente físico, hay más probabilidad que iniciemos una relación que no sea sustentable. Una vez que la pasión se apaga, nos damos cuenta que no tenemos lo suficiente en común para continuar.

Hablando en términos generales, las opiniones respecto al sexo o el apego emocional a él es distinto entre los hombres y las mujeres. La diferencia suele nacer de nuestra primera experiencia con el placer físico. Por lo general, los hombres pueden tener sexo sin ningún apego emocional. El deseo sexual del hombre es mucho más primigenio que el de la mujer. Muchas veces tienen su primera experiencia sexual cuando son niños, a menudo sin otra persona. Pueden haberse sentido estimulados por alguna revista o película. La prostitución es otro ejemplo de que los hombres pueden tener relaciones sexuales sin apego emocional.

Por otra parte, la mayoría de las chicas suelen tener su primera experiencia sexual con alguien a quien realmente quieren. Tal vez sea su primer amor. Por lo tanto, para las mujeres el sexo usualmente conlleva apego emocional. Aunque claro siempre existe la excepción. Cada vez más las mujeres están retirando las emociones de las experiencias físicas. Esto no quiere decir que una cosa sea preferible a la otra, pero existen las diferencias de género y entender estas diferencias nos ayuda a ganar una perspectiva.

Es importante entender que cuando de relaciones se trata, el sexo por sí mismo no constituye una relación. Las relaciones basadas únicamente en el sexo no suelen durar. Si quieres encontrar o mantener una relación sana requerirás más que la parte física de la relación.

Existe una diferencia entre el sexo y la intimidad. La intimidad puede incluir el sexo pero generalmente hay una conexión más potente. Es una conexión emocional con el contacto físico.

"El amor no hace girar al mundo pero hace que viaje valga la pena."
— Franklin P. Jones

"Tú y yo somos esencialmente infinitos fabricantes de elecciones. En cada momento de nuestra existencia, estamos en ese campo de todas las posibilidades, donde tenemos acceso a una infinidad de opciones."
—Deepak Chopra

Capítulo 6

Permite que tus elecciones te fortalezcan

Si tenemos opciones en otros aspectos de nuestra vida, ¿ por qué han de ser diferentes las relaciones? Como se ha establecido en los capítulos anteriores, para algunas personas es muy difícil entender que son libres de decidir con respecto a sus relaciones. Esto sucede por muchos motivos. Algunas personas continúan en una mala relación como si no existiera alguna alternativa. Las personas pueden permanecer en una mala relación por diversos motivos, muchas de ellas por motivos equivocados. El temor puede ser un impulsor potente. Tal vez la persona teme la soledad o la incertidumbre; Permanece en la relación por temor a lo desconocido. *Por lo menos sé que esperar de esta relación aunque no me convenga.*

Otra cosa que afecta la decisión de ya no participar en una relación es el temor de lastimar a la otra persona. Decirle a alguien que ya no quieres ser su amigo podría afectarle. ¿Qué tal si no supera el rechazo y hace algo imprudente? No podemos responsabilizarnos por otras personas; sólo podemos responsabilizarnos por nuestras propias acciones.

La inseguridad puede agobiar tu mente con pensamientos como los siguientes:

- Nadie va querer estar conmigo.
- No merezco ser feliz.
- Si le dejo ir, jamás podré encontrar a otra persona.
- Si me deshago de esta relación, jamás tendré otra.
- Sé que esta relación es disfuncional pero, peor es nada.

La lista continúa. Si te han pasado esos pensamientos por la mente, date cuenta de que tienes la capacidad de reemplazarlos con pensamientos nuevos y positivos. Tienes que reprogramar tu mente con pensamientos positivos que avalan el hecho de que mereces una relación sana.

Una de las mejores bases para una relación sana es quererte a ti mismo lo suficiente para saber que la mereces. ¿No crees que tener relaciones saludables es algo que nos debemos a nosotros mismos? ¿Acaso no merecemos ser felices? Por supuesto que sí.

Todos merecemos ser felices y esta felicidad está a nuestro alcance pero mucho depende de nuestras elecciones. Poner en orden las relaciones negativas o malsanas nos dará una gran sensación de libertad personal y una nueva fortaleza.

Poner en orden las relaciones; Ambas personas son libres de elegir; La relación debe beneficiar a los dos

Una relación de pareja, un amorío, o una amistad debe convenir a ambas partes. Las dos personas tienen que sentir que se benefician de la relación y que también aportan algo a ella.

Algunas personas tratan de hacer que las cosas funcionen a la fuerza porque les gusta la otra persona. Esto no funcionará si no eres correspondido. De ser así, puede ser una relación malsana. Solo tú puedes decidir cuándo debes terminar una relación que no es sana. Tal vez tus amigos traten de influir en tu decisión. Posiblemente te digan que eres egoísta. Pero es tu vida y solo tú la puedes vivir. Toma las decisiones que te harán feliz.

Repasa tu inventario de relaciones. Si existen algunas relaciones tóxicas en tu vida ahora es el momento de soltarlas. Decide si quieres seguir participando en ellas. Si no quieres, puedes dejar de hacerlo. No podrás cambiar a la otra persona pero si puedes decidir ya no participar en una relación con ella. El primer paso a menudo es permitírtelo a ti mismo.

Utiliza el ejercicio de soltar para liberarte de esas relaciones malsanas de tu vida. Ya sé que del dicho al hecho hay mucho trecho. A veces se lleva tiempo en soltar esa relación. Tal vez no sea necesario soltar esa relación para siempre. Si la otra persona o la dinámica cambian, posiblemente le permitas ser parte de tu vida más adelante.

No existe la unitalla

> "Todo lo que nos irrita de otros nos lleva a un entendimiento de nosotros mismos."
> — Carl Jung

La buena noticia de los seres humanos es que todos somos diferentes; no existen dos personas iguales y esto hace que la vida sea más interesante. Las diferencias son muchas: género, raza, religión, clase, etc. La mala noticia es que ¡todos somos diferentes! La buena noticia sigue siendo buena si podemos aceptar nuestras diferencias sin imponer nuestras expectativas. Nuestra expectativa suele ser que todos deben ser exactamente como nosotros porque nuestra manera de ser es la mejor.

En el libro *Los hombres son de Marte, las mujeres son de Venus*, el Dr. John Gray se enfoca en el hecho que los hombres y las mujeres piensan de una manera distinta. Entre más entendamos que cada persona es diferente, mejores serán nuestras relaciones. Una cosa que me ha ayudado bastante es tener muchos amigos varones de distintos orígenes. Tener amigos hombres me ayuda ganar una diferente perspectiva en mis relaciones, una perspectiva que mis amigas no me pueden proporcionar. La perspectiva del sexo opuesto me ha ayudado a entender mejor a los hombres y por consiguiente he llegado a valorarlos más.

Tener amigos de distintos orígenes me permite aprender sobre diferentes culturas y costumbres. El mundo es muy grande y hay tanta gente diferente.

A consecuencia de estas diferencias, no hay dos relaciones iguales. La dinámica de cada relación es diferente. Valora cada relación por sus propios méritos; entiende que la unitalla no existe en las relaciones.

Vivir en el ahora te ayudará a valorar la relación que está al frente tuyo en el momento presente.

"El secreto de la salud mental y corporal está en no lamentarse por el pasado, no preocuparse por el futuro ni adelantarse a los problemas, sino vivir sabia y seriamente el ahora."
— Buddha

"La vida es como un juego de cartas.
La mano que nos toca en el reparto
representa el determinismo, la forma en
que la juguemos es el libre albedrío."
— Jawaharlal Nehru

Capítulo 7

Tu familia y amistades

La relación con tu familia puede ser la más gratificante de tu vida. Nada se compara con el amor incondicional entre padres e hijos. Muchos de nosotros empezamos nuestra vida con nuestra familia y la terminamos con ella. Muchas veces escuchamos que la familia es todo. Muchas de estas relaciones están al centro de nuestra vida y permanecen ahí durante toda la vida.

Los hermanos también suelen ser un gran apoyo en nuestra vida. Nos criamos juntos y compartimos muchas de las mismas experiencias. La mayoría de los recuerdos de nuestra infancia incluyen a nuestros hermanos y otros familiares, ya sea de nuestra familia nuclear u otros parientes. Podemos aprender mucho de nuestros mayores. Los abuelos nos dan una perspectiva histórica a nuestra vida. Nuestros parientes también son una gran fuente de confort. Nuestros tíos y primos pueden afectar nuestras vidas.

Para algunos, la familia puede representar ciertos desafíos. En algunas familias hay individuos que asumen un rol especial. Uno puede ser el que siempre apoya a otros; otro—usualmente el menor—acepta el rol de bebé y puede que sea consentido. Quedarte estancado en un rol con el cual no te sientes conforme puede ser un problema después y hasta puede afectar otras relaciones.

Decidir sobre nuestro rol en la familia tiene un efecto muy importante en nuestras relaciones tanto dentro como fuera de ella. Podemos elegir con quién casarnos pero no podemos escoger a nuestros padres, hermanos o parientes.

En la década de 1970, se acuñó el término familia disfuncional. No creo haber conocido a nadie que me haya comentado que tiene una familia completamente funcional. En este aspecto, todos experimentamos ciertos retos. Algunas personas se comparan con las familias de la televisión y dependiendo de dónde seas, puede que sea la familia del programa *Las aventuras de Ozzie y Harriet, Días felices, La tribu Brady, El programa de Bill Cosby* o el más reciente *El programa de George López*. Estos programas televisivos reflejan algunos de los problemas sociales de nuestros tiempos, pero en realidad no siempre reflejan como es la vida de una familia de verdad.

Cada familia tiene problemas o secretos. El grado de interacción dentro de cada familia puede variar. En el mundo moderno tan complicado, las familias son separadas por la distancia física por un sinfín de motivos. Algunas tienen comunicación diaria mientras que otras solo se unen o se llaman en los días festivos.

La capacidad de resolver problemas es diferente de familia en familia. Algunos miembros de la familia prefieren hablar sobre los problemas mientras que otros se niegan a enfrentarlos.

Escogemos a nuestros amigos pero nacemos a nuestra familia.

El inventario familiar

Tal como lo hemos hecho en capítulos anteriores, es hora de hacer otra lista. Esta vez, la lista será dedicada exclusivamente a tus familiares. Tal vez ya hayas incluido a algunas personas de tu familia en tu primer inventario. No importa, vuelve a incluirlas en esta lista. Esta vez, enfócate realmente en la dinámica de cada relación.

Dedícate un poco de tiempo de tranquilidad, despeja la mente y haz la lista. Cuando ya hayas enumerado a todos, analiza a cada persona, una por una. Piensa en cada persona por algunos minutos. Deja que fluyan los pensamientos y los sentimientos. ¿Sientes alguna reacción positiva o negativa? En algunos casos puede que sientas ambas cosas. Primero analiza los pensamientos positivos que suscitan cuando piensas en cada persona.

- ¿Le quieres profundamente?
- ¿Le admiras y respetas?
- ¿Te sientes agradecido por todo lo que te ha enseñado?
- ¿Le agradeces su apoyo y amor incondicional?
- ¿Tienes algún recuerdo especial con esa persona?

Saborea cualquier energía positiva que sientas. Haz lo mismo por cada persona y fíjate si suscitan algunas emociones incómodas como la de enojo, resentimiento, desagrado o culpa. Utiliza el ejercicio para soltar cualquier emoción negativa que sientas al pensar en cada persona. La realidad de esos pensamientos usualmente sólo existe en nuestra mente.

Soltar esos pensamientos y recuerdos negativos sirve para despejar nuestra mente de lo que nos impide tener una relación sana con nuestra familia.

Cuando se trata de tener una relación sana con la familia, no existe la respuesta sencilla porque no hay dos familias iguales. Cada familia tiene su propia dinámica y su propio conjunto de experiencias que han condicionado su forma de ser.

Como adultos, una de las herramientas más poderosas que tenemos para relacionarnos bien con la familia es el perdón. Con el perdón se puede superar cualquier cosa que haya pasado. Nadie puede remediar el pasado pero sí tenemos la capacidad de cambiar nuestra reacción a él y así podremos dejarlo atrás.

"Cuando le guardas resentimiento a alguien, te atas a esa persona o condición a través de un lazo emocional

que es más fuerte que el acero. El perdón es lo
único que puede deshacer ese lazo y liberarte."
— Catherine Ponder

Muchas personas piensan que hay ciertos miembros de la familia a quien les gusta hacerse la víctima. Algunas personas dicen ser de cierta forma por algo que le hizo su madre, padre o hermano. Se llega a un punto en que tenemos que aceptar responsabilidad por nuestras propias acciones. Cuando eres adulto, eres libre de tomar tus propias decisiones.

Tu elijes por ti mismo, ya no son tus padres quienes deciden por ti. Todos hemos tenido experiencias desagradables pero si nos aferramos al pasado no podremos vivir plenamente en el presente. Esos resentimientos solo sirven para lastimarte. La otra persona tiene sus propios problemas y los tuyos probablemente no son una prioridad para ella. Los más probable es que aquella persona ya ni se acuerda de lo ocurrido.

Creo que toda persona tiene algún recuerdo o experiencia que le dejó huella. Por muy parecida que sea la experiencia a la de otra persona, nuestras diferencias hace que nos afecte de una manera distinta. Un padre le puede decir a sus hijos que no son lo suficientemente buenos y que nunca lo serán. El primer niño puede quedar devastado por el comentario y este puede producirle efectos duraderos. Posiblemente se sienta deficiente toda su vida a causa de esto mientras que su hermano utiliza el comentario como motivación; el segundo aprovecha cada oportunidad que tiene para comprobarle a su padre que está equivocado. Este niño se convierte en un destacado. Todos somos diferentes y reaccionamos de manera distinta a las mismas experiencias.

También existen ciertas situaciones en las cuales, por motivos de auto conservación, enterramos los recuerdos que son extremadamente negativos. Lo curioso del caso es que nunca sabemos en qué momento de nuestra vida vayan a surgir nuevamente. Esos recuerdos negativos pueden ocasionar emociones negativas como la ira o el resentimiento.

Hacer esfuerzos por perdonar o aceptar nos ayuda a soltar esas emociones negativas que tenemos hacia nuestros familiares y otras personas en nuestra vida.

La mayoría de nosotros tenemos algo de nuestra niñez que debemos soltar y las experiencias pueden ser numerosas. Tal vez sientas que tus padres nunca te apoyaron porque se la pasaban trabajando. Tal vez sientas que nunca les importaste cuando en realidad estaban trabajando duro para que la familia tuviera lo que necesitaba. Tal vez te enojaste con uno de ellos por su divorcio. Al reflexionar sobre esto con una nueva perspectiva, tal vez te des cuenta de que posiblemente las cosas hayan sido mejor así. Todas tus relaciones empiezan contigo y la manera en que reaccionas a los demás es una elección consciente.

¿Y qué pasa con las personas que no tienen una familia en su vida? Hay personas cuya familia ha fallecido o están separadas por la distancia o las circunstancias.

Yo tengo a mi familia biológica y a mi familia "elegida". Mi familia elegida es compuesta de las personas que yo he seleccionado para que sean parte de mi vida e interactuamos como lo debe hacer una familia. Las amistades saludables pueden adoptar el papel de tus familiares. No es que una cosa sea mejor que la otra, simplemente es otra opción.

Amigos

"Mi mejor amigo es el que saca a relucir lo mejor de mí."
— Henry Ford

De acuerdo a Wiki pedía, la amistad es una relación cooperativa y de apoyo entre dos o más personas. En este sentido, el término connota una relación que implica un conocimiento, estimación, afecto, y respeto mutuo y hasta cierto grado la disponibilidad de prestar ayuda en tiempos de necesidad o crisis. Los amigos pueden darte amor y apoyo, te pueden escuchar y guiar y tú también puedes hacer esto por ellos.

Yo tengo muchos conocidos pero a mis amigos los he seleccionado para que formen parte de mi vida. Muchos han sido amigos por muchos años. Son personas que me han acompañado en el viaje de la vida.

Asegúrate de que tú también seas un buen amigo. No esperes de los demás algo que tú no estés dispuesto a dar. Yo hago lo posible por tener amistades que sean mutuamente beneficiosas. También he tenido que tomar algunas decisiones difíciles y romper amistad con personas tóxicas a quienes les encanta ser problemáticas o que son demasiado negativas.

Si quieres formar nuevas amistades, busca a personas con quien tengas algo en común. Puedes empezar con las personas que comparten tus pasatiempos o intereses. Puedes hacerte de amigos en la escuela, el trabajo o en actividades deportivas. Participar en el voluntariado también es una buena manera de conocer a gente nueva.

Muchas personas se están conectando a través de redes sociales. Facebook, MySpace y Twitter han conectado a la gente a nivel mundial. Hay más de 308 millones de personas en los Estados Unidos y más de 6.8 mil millones en el mundo. Si quieres tener amigos nuevos los puedes encontrar. Solo necesitas ser abierto a encontrar las personas adecuadas.

> "La gloria de la amistad no es la mano extendida,
> ni la sonrisa amable, ni la alegría de la compañía,
> es la inspiración espiritual que nos llega
> cuando descubrimos que alguien cree en nosotros
> y que está dispuesto a confiarnos su amistad".
> – Ralph Waldo Emerson

Definiendo amistades eficaces

Pregúntate qué clase de amigo quieres ser. Haz una lista de las cualidades que tú puedas aportar como amigo. Haz otra lista de lo que consideres importante en una amistad: lealtad, confianza, o discreción. Lo ideal sería que las listas fueran parecidas. Comprométete a ser el mejor amigo que puedas ser y de esa manera atraerás la misma clase de amigo a tu vida. Es importante que seas abierto cuando hagas nuevas amistades. Una lección que he aprendido es que uno no debe permitir que las opiniones ajenas influyan en lo que una piensa de algún individuo a quien no se le conoce.

En nuestra sociedad, es fácil ser influenciado por los demás sin conocer a la persona. Analicemos la manera en que los medios de comunicación pintan a los famosos, los deportistas y a los políticos. Obtenemos tanta información sobre la vida de ellos que nos hace sentir como si los conociéramos cuando en realidad no es así. Formulamos opiniones sobre ellos basadas en lo que hemos escuchado, leído o visto en la televisión. La información que hemos recibido acerca de la persona posiblemente ni sea cierta o pudo haber sido sacada de contexto. Nuestra opinión de la persona es basada en información filtrada. Conforme maduramos, aprendemos que debemos basar nuestras relaciones en la interacción que hemos tenido con la persona y no basarlas en las opiniones de los demás.

En los medios sociales, cualquier persona puede decir lo que se le antoje sobre la gente. Todos hemos escuchado las historias de adolescentes que atormentan a otros jóvenes en Facebook o MySpace. Un ejemplo de este tipo de acontecimiento fue cuando la madre de una adolescente atormentó tanto a una jovencita que esta se suicidó. Cuando los hechos salieron a la luz, la gente se enteró de que todo lo que se había dicho de esa jovencita había sido mentira.

Otro error que cometemos es basar nuestra opinión de la persona en nuestras experiencias anteriores cuando estas no tienen nada que ver con ella. No permitas que las experiencias de una relación anterior nublen tu relación actual o que las críticas o prejuicios nublen tu raciocinio. ¿Alguna vez te ha pasado esto? Conoces a alguien por primera vez y te recuerda a algún conocido. Las opiniones que formaste o las reacciones que tuviste a la nueva persona, ¿no fueron influenciadas por la persona a quien ya conocías? Siempre empieza toda relación desde cero.

Las expectativas a veces pueden interferir con las amistades. Posiblemente tengas ciertas expectativas sobre cómo debe comportarse un amigo. Tal vez pienses que tu amigo debería llamarte todos los días o verte un determinado número de veces a la semana. Si la otra persona no está a la altura de tus expectativas, te puedes decepcionar. Cada amistad o relación es diferente; algunas personas se llaman todos los días y otras de vez en cuando. En lugar de tener expectativas para luego decepcionarte, hazle saber lo que es importante para ti.

Las amistades suelen perdurar si existe un afecto incondicional y ambos entienden que siempre contarán el uno con el otro.

Ten presente que las relaciones son dinámicas y que tanto las situaciones como las personas pueden cambiar. Las amistades son susceptibles al cambio y es necesario que pongas de tu parte y aceptes responsabilidad por lo que aportas a la relación.

"La única recompensa de la virtud es la virtud; la única manera de tener amigos es ser un amigo."
— Ralph Waldo Emerson

"Nos ganamos la vida con lo que recibimos,
pero hacemos la vida con lo que damos."
— Winston Churchill

Capítulo 8

Las relaciones en tu entorno laboral

El trabajo y la carrera

Hoy en día pasamos una mayor parte de nuestra vida adulta en el trabajo. Analizándolo bien, sólo existen vienticuatro horas al día y la persona promedio duerme ocho horas; restan dieciséis horas en que estamos despiertos. La mayoría de nosotros trabajamos jornadas de por lo menos ocho horas. Esto significa que pasamos la mitad de nuestra vida despiertos en el trabajo. Esto es sin tomar en cuenta el tiempo que transcurre en el trayecto hacia el trabajo y del trabajo hacia la casa. Cada vez perdemos más tiempo manejando hacia el trabajo o en el transporte público. La conclusión es que nuestra carrera es una gran parte de nuestra vida.

A veces elegimos interactuar con nuestros compañeros de trabajo fuera de la empresa, y decidimos mantenerlo separado. Muchos no creen en mezclar el negocio con el placer. Aunque decidas no socializar con tus compañeros fuera del trabajo, de todas maneras pasas la gran mayoría del día interactuando con las personas en tu entorno laboral.

La mayoría de la gente comparte su descanso u hora de comer con sus compañeros. Es común que existan opiniones preconcebidas sobre compañeros y colegas en el entorno laboral. Tal vez hemos escuchado algo sobre un compañero de trabajo y le juzgamos sin conocerle de verdad. Asegúrate de basar tus relaciones con tus compañeros de trabajo en las interacciones que hayas tenido con ellos y no en lo que hayas escuchado.

En las empresas grandes, suele haber aquellas personas problemáticas; les encanta el drama y el chisme. Muchos de nosotros hemos tenido experiencias con ellas. Parece que se les dispara la adrenalina. De alguna forma bastante rara, hasta dan la impresión que realmente no saben como actuar si las cosas están tranquilas. Estas personas suelen ser bastante críticas y si algún campañero de trabajo está pasando por algún problema, suele aprovechar la ocasión para hablar mal de él. Creo que cuando actúan de esta manera, lo hacen por sus propias inseguridades.

Acuérdate de la última vez que escuchaste a un compañero de trabajo burlarse de alguien. Dio la impresión de que sentía una gran alegría por la desgracia ajena. No te dejes llevar por el impulso de juzgarle o criticarle. Cuando alguien esté pasando por momentos difíciles debemos tratar de ayudarle, estar ahí para escucharle o mantenernos al margen a menos de que nos pida lo contrario.

Inventario de tus relaciones en el trabajo

Ahora es el momento indicado para que analices la interacción que tienes con tus compañeros de trabajo. Pocas veces tenemos el lujo de decidir con quién interactuar en nuestro entorno laboral. No obstante, sí podemos decidir sobre la *manera* en que interactuemos con ellos. No podrás controlar las acciones de ellos per sí puedes controlar las tuyas.

Toma algunos momentos para hacer tu lista. Anota a tu jefe y a tus compañeros de trabajo. Si tú eres el jefe, anota a tu equipo.

- La interacción con mis compañeros de trabajo ¿es professional?

- ¿Me comporto con integridad?
- ¿Cuán eficaz es mi comunicación?
- ¿Le guardo resentimiento a esta persona?
- ¿Tengo una relación sana con esta persona?

Cuando termines de hacer tu lista, siéntate y analízala. Como se dijo anteriormente, posiblemente no seas libre de decidir con quien trabajar pero si le guardas resentimiento o si tienes algún sentimiento negativo a alguien de tu trabajo, te conviene soltarlo por tu propio bienestar. Al contrario, el resentimiento será cada vez más arraigado y te ocasionará más problemas a ti que a la otra persona.

Pregúntate si no habrá manera de mejorar la relación con aquella persona. La comunicación es uno de los elementos fundamentales más importantes en las buenas relaciones de trabajo. La comunicación eficaz es una potente herramienta: utilízala. Libérate de ese compañero de trabajo que se la pasa ocasionando problemas o chismeando. Es preferible no alimentar la relación con esa persona.

Tenemos curiosidad el uno por el otro, por naturaleza humana. Casí toda persona tiene conversaciones sobre personas que no están presentes. Aún así, existe una gran diferencia entre compartir información y hacer que los demás les juzguen por nuestras críticas. Si ascienden a alguien de tu trabajo, es lógico que se lo comentes a un compañero. En algunos casos, la gente no se limita a los hechos sino que incluyen su opinión personal sobre el ascenso; hacen comentarios basados en sus percepciones personales y no en hechos.

Por ejemplo: María comenta que acaban de ascender a Nicole. Luego dice: "Seguramente la ascendieron porque le hace la barba al jefe." La segunda parte del comentario es la opinión y percepción de Maria.

El chisme y las críticas no vienen solamente del sexo femenino. Los hombres también difunden opiniones negativas al igual que las mujeres.

Trabajar con personas problemáticas no significa que tú también debas participar en actividades negativas. Mantente al margen del drama y concéntrate en tu trabajo.

Si de quien chismean y rumorean eres tú, deberas ser menos susceptibe y no hacerles caso. Una vez que empieces a defenderte, le entregas tu poder a la persona que se desvive por ocasionar problemas.

"Cuando juzgas a otra persona, no la estás
definiendo a ella sino a ti mismo."
—Wayne Dyer

La decisión de tener una relación con un compañero de trabajo es una decisión muy personal que puede ser influenciada por muchos factores. Acuérdate de tomar buenas decisiones personales.

Los roles que asumen las personas en su trabajo también pueden condicionar y cambiar las relaciones personales con sus compañeros. Por ejemplo, Juan fe tu compañero de trabajo durante muchos años y ustedes tenían una buena relación. Cuando lo ascendieron, se convirtió en tu jefe y la dinámica de la relación cambio debido a su nuevo rol. Cuando fue nada más tu compañero de trabajo, ustedes bromeaban y compartían cosas íntimas. Tal vez socializaban fuera de la oficina y se iban por ahí a tomarse unos tragos en la hora feliz. Ahora que es tu jefe, la interacción es menos frecuente y él actúa muy distante. Posiblemente sea su nuevo rol de jefe el que esté afectando la manera en que te trata. No lo tomes personalmente, quizas esté asimilando su nuevo rol de figura de autoridad.

"No te tomes nada personalmente. Lo que los demás
dicen y hacen es una proyeccíon de su propia realidad, de
su propio sueño. Nada de lo que hacen es por ti. Cuando
seas inmune a las opiniones y los actos de los demás,
dejarás de ser víctima de un sufrimiento innecesario."
Don Miguel Ruiz

Hablemos de las relaciones románticas en el trabajo. Conocemos a muchas parejas que se conocieron allí. Es natural que se den estos casos ya que pasamos la mayor parte de nuestra vida despierto en el trabajo. Aunque la relación posiblemente funcione, asegúrate de no tener una relación de esta índole con un subordinado o con tu supervisor. Casí todas las empresas lo prohiben y en algunos casos se considera quebrantamiento de leyes contra el hostigamiento sexual en el empleo. Si estás saliendo con tu jefe y por ello recibes trato preferencial, tus compañeros de trabajo pudieran entablar una demanda por acoso sexual.

Otro escollo de salir con alguien del trabajo es que si rompen, de todas maneras se seguirán viendo con cierta regularidad. Esto pudiera ser bastante incómodo. Además, es casí pedirle a tus compañeros a que te conviertan en la comidilla. Piénsalo detenidamente. Decidir si te conviene salir con alguien del trabajo dependerá de muchos factores. Haz lo que sea correcto para ti.

Salir con un companero casado o engañar a tu pareja con un compañero de trabajo rara vez tiene un final feliz. Esta situación no es fuera de lo común y lo inevitable es que una de las partes quede sentimentalmente herida. La pareja se engaña a si misma; cree que nadie se da cuenta cuando en realidad todo mundo lo sabe y esto repercute en el trabajo.

Antes de hacerlo, pregúntate si vale la pena perder el empleo si se enteraran los demás. Hace muchos años, tuve un colega que había trabajado en la misma empresa durante casí toda su carrera; solo le faltaban algunos años para jubilarse. Era un hombre inteligente, respetado y con el tiempo había ascendido en la empresa. Era casado y tuvo un amorío con una compañera de trabajo mucho menor que él: ella también era casada. Cuando el amorío salió a la luz, su esposa le dio un ultimatum: te jubilas o nos divorciamos. El señor se jubiló antes de lo previsto; dejó el empleo con un aire de vergüenza. Después de tres décadas de trabajar duro, no hubo fiesta de jubilación ni algarabía. La mujer con quien se había enredado también termino por divorciarse, lo cual lastimó a su esposo y a su hijo. Es necesario que consideres bien las consecuencias que puedan tener tus actos.

Ante algunas circunstancias, uno puede pensar que socializar o salir con colegas es la única opción: por ejemplo, cuando recién nos mudamos a una nueva ciudad donde no tenemos familia y aún no hemos hecho amistades. En esta situación los compañeros de trabajo son nuestras únicas relaciones. Esto puede satisfacer nuestras necesidades a corto plazo pero a la larga es importante construir relaciones fuera del trabajo. Podemos conocer a gente nueva a través de trabajo de voluntariado en alguna organización comunitaria, en la iglesia, en el colegio de nuestros hijos o en algún grupo que participa en actividades de interés común. Muchas personas usan el internet para conocerse a través de las redes sociales. Los avances de la tecnología han hecho que el mundo sea un lugar mucho más pequeño. Ahora es muy fácil conocer a personas y encontrar amigos por todo el mundo. La tecnología nos ha conectado a muchas personas pero recuerda que no hay como pasar tiempo juntos o conversar por teléfono. Mantén un toque humano en tus relaciones.

Todo cambia muy rápido en el mundo de hoy; es común que una persona cambie de empleo varias veces a lo largo de su carrera. Es raro que una persona trabaje en la misma empresa toda su vida. Con cada nuevo empleo, toma el tiempo para evaluar tu nueva situación ya que no hay dos relaciones que sean iguales. Haz tu inventario de relaciones en el trabajo cuando obtengas un nuevo empleo. Este debe ser actualízalo anualmente aunque sigas trabajando donde mismo.

"La última de las libertades humanas
es la elección de la actitud personal
ante un conjunto de circunstancias."
—Viktor Frankl

"Hay dos opciones primordiales en la vida:
aceptar las condiciones tal como existen o
aceptar la responsabilidad de cambiarlas."
— Denis Waitley

Capítulo 9

Las relaciones sustentables

La clave a una relación sustentable es simple y sencillamente que cuesta trabajo. Pero si tú sientes que vale la pena desearás hacer el esfuerzo. Una vez que hayas establecido la confianza, el respeto y la comunicación en la relación, esta puede durar mucho tiempo. Una relación sustentable requiere el esfuerzo de ambas partes. Si el esfuerzo lo hace solo una parte, esto puede producir resentimiento, enojo e descontento. Estas emociones pueden ser expresadas de maneras inesperadas y no son favorables a una relación saludable.

Permanece agradeció por las personas en tu vida. Cuando tengas relaciones saludables, cuídalas y protégelas con un manto de aprecio. Expresa tu aprecio; puede ser de una forma sencilla como decir *te quiero*. Deben contar contigo cuando te necesiten. Escúchales cuando necesiten alguien con quien hablar o un hombro al que arrimarse.

Todo lo que tú deseas de un amigo, dalo tú. Todo lo que tú desees en una relación, dalo tú. No entres en un juego de acusaciones. Mírate al espejo detenidamente. Afronta cualquier problema cuando ocurra; no permitas que se prolongue y ocasione emociones negativas.

Hacer el trabajo

Ahora que tienes las destrezas requeridas, llegó el momento de que hagas el trabajo. Todas las relaciones requieren un esfuerzo, incluyendo el esfuerzo de mejorar nosotros mismos. Es importante hacer un inventario de tu felicidad y evaluar tus relaciones con regularidad. Posiblemente, de vez en cuando, sientas una necesidad de evaluar tu vida y soltar todo aquello que no funciona. Estas herramientas las puedes utilizar en cualquier momento de tu vida. Vuelve a hacer un inventario cada vez que te sientas fuera de equilibrio. Vuelve a hacer la autoevaluación de tu felicidad y haz el ejercicio para soltar. De esta manera podrás quitar de tu camino cualquier obstáculo a tu máxima felicidad. Recuerda que ser feliz es cuestión de elección. ¡Elije ser feliz todos los días de tu vida!

Tú eres el denominador común de todas las relaciones en tu vida. Tendrás mayores posibilidades de tener relaciones saludables si eres una persona sana, íntegra y completa.

La evaluación anual

Es muy beneficioso revalorar tu vida anualmente. En lo personal, ha sido bueno para mi hacerlo cuando se aproxima mi cumpleaños. Cumplo años el 5 de enero y mi autoevaluación anual coincide con la fijación de mis objetivos personales a cuales me comprometo a principio del año. Yo no declaro propósitos de Año Nuevo porque todo mundo sabe que en cuanto pasa el mes de enero, casi todos los dejamos de cumplir. Fijo objetivos personales porque me impulsan a salir adelante. Te recomiendo que hagas lo siguiente anualmente:

- Haz la autoevaluación de felicidad nuevamente. La vida da muchas vueltas y posiblemente hayan cambiado algunas cosas. Analiza si han surgido algunas cosas que obstaculizan tu felicidad.

- Haz el ejercicio de soltar para superar los problemas que te impiden ser feliz. Fija el objetivo personal y específico de tener relaciones sanas en tu vida. Haz un inventario de las personas que forman parte de tu vida y libérate de aquellas relaciones tóxicas.
- Concéntrate en ser agradecido por la gente positiva y las bendiciones conferidas por la vida.
- Mantén una comunicación honesta y abierta con quien más quieres; incluyendo a ti mismo.
- Utiliza las herramientas que obtuviste de este libro con cuanta frecuencia sea necesaria. La responsabilidad de conseguir la felicidad es tuya. Si no estás dispuesto a esforzarte para conseguirla, ¿quién lo hará por ti? La vida cambia continuamente y tú también sigues evolucionando.
- Vivir es un proceso cuyo desenlace continúa hasta que hagas tu transición. Elije tener relaciones sanas; ellas te ayudarán a mantenerte estable en este mundo caótico.
- Elije ser feliz. Recuerda que la felicidad es una elección. Elije la felicidad todos los días de tu vida.
- Haz el esfuerzo y disfruta de los resultados. Lee las frases célebres en este libro o encuentra otras que tengan algún significado especial para ti y ¡déjate inspirar!

"Cada vez que te sientas tentado a reaccionar de la misma manera de siempre, pregúntate si quieres ser un prisionero del pasado o un pionero del futuro."
Deepak Chopra

"Date cuenta profundamente de que el momento presente es todo lo que tienes. Haz del Ahora el enfoque principal de tu vida."
— Eckhart Tolle

Capítulo 10

Tu nuevo comienzo

Mi intención ha sido compartir mi propia percepción de la realidad a través de este libro. Mi percepción es basada en mis experiencias. Esto no es decir que lo que yo haya escrito sea aplicable a todo mundo. Cada uno somos distintos y cada relación también lo es. Las combinaciones de estas diferencias crean una infinidad de posibilidades en cuanto a la dinámica de cada relación. Tendrás que formular tus propias opiniones y usar la información de la manera que sea más adecuada para ti.

Para mí, este último capítulo es uno de los más importantes porque creo que todas las relaciones comienzan y terminan con Dios. Cuando me siento unida a Dios es cuando me siento más feliz en mis relaciones. Cuando me siento feliz, lo que yo aporto a las relaciones es sano.

Sería negligente de mi parte si no mencionara que la relación más importante que debes tener si quieres una vida balanceada es una relación con Dios. Algunas personas le llaman a este ser divino Dios, mientras que otras personas usan nombres distintos para describir al creador. No importa cómo le llames; Lo que importa es la conexión con aquel Gran Poder.

A lo largo del mundo se utilizan distintas palabras para referirse a lo mismo. Soy de raíces nativo americanas y me enseñaron a llamarle a este ser divino *Gran Espíritu*. Existe un poder más grande que cualquiera de nosotros y en virtud de eso, todos estamos relacionados. No importa cómo le llames, la decisión es tuya. Yo, en lo personal, creo en Dios pero no me opongo a que las personas utilicen otras palabras que consideren apropiadas para describir su creencia espiritual.

Al creer en este ser divino y las leyes universales, podemos ver que hay personas que llegan a nuestras vidas por distintas razones. Algunas por un motivo específico y otras por una temporada. Algunas personas tienen una relación intermitente con Dios y sólo le invocan cuando están necesitados. Algunas personas le rezan cuando se encuentran en alguna crisis. Pero al igual a otras relaciones, la relación con Dios debe existir en las buenas y en las malas. Necesitamos tener una relación positiva con nuestro creador para mantener nuestras relaciones personales sanas y equilibradas.

Tener fe nos dará el valor necesario para deshacernos de aquellas relaciones que ya no funcionan. Cuando afrontamos a esas relaciones malas, el creador nos puede dar la fortaleza para librarnos de ellas.

Hacerle caso a esa intuición nos puede ayudar en muchos aspectos de nuestras vidas, no solo en las relaciones. Aunque no quiéranos afrontar la situación, nuestra intuición nos dice cuando una relación no es buena. ¿Cuántas veces hemos sentido, desde lo más profundo, ese algo que nos indica que las cosas no van bien? Después nos preguntamos *¿Porqué no hice caso?* Estar en armonía con el universo nos permitirá escuchar bien los mensajes que este nos envía.

La honestidad, el respeto y la confianza: son los valores principales que debemos tener en nuestras relaciones y lo que se cultiva cuando uno tiene una relación sólida con un ser más poderoso.

Espero que durante tu viaje en este mundo caótico encuentres relaciones sanas que sean llenas de amor y felicidad. La elección es tuya. Te asombrarás cuando veas cuánto han mejorado todas tus relaciones una vez que hayas encontrado la felicidad y te sientas seguro de ti mismo.

Posiblemente sientas necesidad de revalorar tu vida de vez en cuando y soltar aquellas cosas que no te benefician. Haz tu inventario, vuelve a evaluar tu felicidad y haz el ejercicio de soltar para quitar todo obstáculo.

Este mundo es tan caótico que a veces no sabemos en qué momento nuestra vida se convierte en un desbarajuste. Sé que puedes poner tu vida en orden y que eres capaz de construir relaciones sanas en este mundo caótico. Solo hace falta que trabajes en ello.

La oración diaria me ayuda a mantenerme centrada, con los pies sobre la tierra. Quiero compartir contigo una oración que escribí:

Gran Espíritu, Creador a quien llamo Dios.
Me presento ante a ti humildemente para alabarte.
Tú y yo somos uno solo.
Te recibo en mi corazón, cuerpo y alma.
Gran Espíritu, Creador de Todo

Concédeme la sabiduría para hacerle caso a mi voz interna y la
fortaleza para permanecer con los pies en la tierra
mientras canto mi canción sagrada.

Guíame por el camino elegido y dame el valor
para obtener lo que esté a mi alcance.
Gran Espíritu, Dios Creador de Todo
Permíteme recibir las posibilidades infinitas del universo. Me
siento agradecida por las lecciones y también por las luchas. Me
confortan las personas maravillosas que has puesto en mi vida.
Gran Espíritu, Dios Creador de Todo
Honro a la Madre Tierra por los dones que nos da.
Desde su tierra fértil nacen nuestros alimentos de cada día
y el don del agua es la esencia de la vida.
Abre mi corazón a la sanación de la naturaleza.

Todos estamos relacionados y es a través de
esto que encuentro la serenidad
Gran Espíritu, Dios, Creador de Todo.
Permíteme ser siempre una presencia beneficiosa en este planeta.
Permíteme ser instrumento de tu mensaje
de paz y amor incondicional.
Mi vida es completa teniéndote a mi lado.
Gran Espíritu, Dios, Creador de Todo
Que así sea … Aleluya........Amén

Escribe tu propia oración que puedas usar durante tu vida. Utiliza las palabras o pensamientos que consideres hagan falta en tu vida.

He incluido mis citas favoritas. Estas citas han sido muy útiles en mi vida así que encuentra las citas que resuenen contigo. Todos podemos aprender el uno del otro.

Agradezco que hayas tomado el tiempo para escuchar mi perspectiva sobre las relaciones sanas. Como lo dije anteriormente, no pretendo tener todas las respuestas. Sin embargo, si hay algo en este libro que haya servido para mejorar tu vida, pues me da mucho gusto haber compartido la lección.

Te deseo alegría, amor, paz y felicidad, pero sobre todo deseo que encuentres las relaciones sanas que tanto te mereces.

Paz y bendiciones,
Cynthia M. Ruiz

Printed in the United States
By Bookmasters